GUIDA AL CROWDFUNDING

di Isabella Cultrera

Titolo: Guida Al Crowdfunding

Autrice: Isabella Cultrera

Prima Edizione: Settembre 2015

ISBN: 1517599458

INDICE

PARTE II – LE STRATEGIE PER UN CROWDFUNDING DI SUCCESSO

PARTE III – CONCLUSIONE ED ESEMPI

PARTE I –
IL CROWDFUNDING IN GENERALE

CAPITOLO 1

INTRODUZIONE E OBIETTIVI

Questa guida nasce con lo scopo di provare ad avvicinare le persone al mondo del Crowdfunding cercando di spiegare in maniera facile, con parole semplici, cosa sia esattamente, come si sta sviluppando e a cosa può servirci. Se avete acquistato questo libro probabilmente è perché avete già sentito parlare di questo fenomeno Americano e desiderate capirne meglio i meccanismi, nonché l'utilità che potrebbe avere per voi.

Molti si affacciano al Crowdfunding con incertezza e curiosità ma, ingenuamente, credendo che basti un po' di ricerca online, leggere qualche notizia qua e là, e il gioco è fatto. Ma non è così. Tanti lo vedono come un importante mezzo per aggirare la crisi, credendo di poter riuscire a guadagnare molti soldi in poco tempo, senza sforzarsi troppo. Se siete persone che la pensano così, questa guida vi farà ricredere.

Intraprendere la strada del Crowdfunding per riuscire a raccogliere fondi e realizzare (si spera) un proprio progetto è un percorso lungo che richiede molta preparazione, e anche un minimo investimento.

Questo libro vuole essere in primis una guida ricca di consigli, sia teorici che pratici, pensata per imprenditori, persone intraprendenti, individui con un'idea o un sogno nel cassetto. A prescindere da quale sia il vostro progetto, il vostro potenziale pubblico e le vostre ambizioni, in questo libro troverete informazioni e suggerimenti su come scegliere la piattaforma giusta, prepararvi al lancio, pubblicizzare la campagna, raggiungere più persone possibili e ottenere il *goal* prefissato. Parleremo di come contattare i giornalisti e i blogger, usare i social media e creare contenuti virali per un successo (quasi) assicurato.

Affronteremo argomenti di vario genere, suddivisi principalmente in tre parti: analizzeremo il Crowdfunding e le rispettive modalità di raccolta fondi, con uno sguardo alle diverse tipologie di piattaforme a livello internazionale. In seguito si studierà nel dettaglio una campagna di Crowdfunding, i contenuti, il marketing pre e post lancio, senza dimenticarci degli errori che non vanno assolutamente fatti e capiremo meglio quali costi "nascosti" dobbiamo tenere a mente. L'ultima parte si focalizza unicamente su cosa accade una volta conclusa la campagna, e vedremo alcuni esempi di famosi progetti Italiani realizzati grazie a questa forma di finanziamento.

Inoltre, questo libro vi svelerà i segreti per catturare i media e gli occhi del pubblico, ma soprattutto come convincere gli appassionati a sostenere iniziative di tutti i tipi in un linguaggio che tutti potranno capire.

CAPITOLO 2

COS'È IL CROWDFUNDING?

Ti sarà sicuramente capitato negli ultimi anni di sentire questo termine, molto diffuso all'estero ma ancora poco conosciuto in Italia.

Partiamo dal termine in sé:
<u>Crowd</u> = folla
<u>Funding</u> = finanziamento

Il Crowdfunding, letteralmente "finanziamento dal basso", è un processo di raccolta fondi collettivo tramite il quale più persone contribuiscono con somme di denaro di varia entità, ad un progetto o ad una iniziativa in cui credono e di cui si fanno sostenitori. *(Rai Cultura, 2013)*.

In termini molto semplici significa che oggi i soldi non si chiedono più alle banche, ma si ottengono attraverso il Crowdfunding. *(Luca di Zio, 2015)*.

Questa forma di finanziamento ha portato l'investimento su un piano più personale e di maggiore impatto – dando accesso diretto a informazioni e opportunità che una volta erano invece solo di dominio esclusivo di una ristretta cerchia di persone o di investitori privilegiati.

Ma come funziona esattamente?

Immagina un classico sito di e-commerce, dove però è possibile "sfogliare" progetti innovativi, aziende e cause e, nel caso li ritenessi di tuo interesse, investire su di essi ottenendo in cambio delle *ricompense*.

La formula vincente di questo sistema di finanziamento è che si possono donare anche piccolissime somme e diventare ugualmente parte integrante di una *comunità*, e nel contempo, vedere l'impatto che la tua donazione ha avuto nella società e come quel progetto si sia evoluto.

Il meccanismo è molto semplice.

Io ho un'idea o un progetto che voglio realizzare e per il quale mi servono dei capitali. Mi iscrivo su una **piattaforma di Crowdfunding**, inserisco le informazioni richieste e in meno di 10 minuti ho creato la mia **campagna di raccolta fondi**. Tutto ciò che mi serve adesso sono i **sostenitori**.

Tu, sostenitore, stai navigando sul sito di Crowdfunding, vedi il mio progetto, ti piace, lo ritieni interessante e mi sovvenzioni. Io, in cambio, ti do una ricompensa.

Ci sono quattro modi per poter partecipare al mondo del Crowdfunding, come sostenitore.

Diciamo che tu hai €100 da investire, prestare, spendere o donare. Quindi tu ora puoi:

1. **Donare.** Dai €100 in beneficenza per sostenere una causa o una società o progetto che ti interessa.

L'aspetto positivo è che stai bene con te stesso, essere altruisti è un'ottima cosa per tutti. Per non parlare del fatto che sarebbe una voce deducibile dalle tasse, se sostieni un'organizzazione no-profit.

L'aspetto negativo è che "perdi" €100 e non hai nulla di tangibile in cambio. Ma hai lo stesso un vantaggio fiscale.

È un'ottima strada da percorrere se vuoi sostenere i progetti di un familiare o un amico.

2. **Pre-acquistare**. Paghi €100 e in cambio ricevi beni o servizi per pari valore, non appena quei beni o servizi saranno pronti.

L'aspetto positivo è che aiuti qualcuno a realizzare il proprio progetto, e in cambio ti vengono date delle ricompense.

L'aspetto negativo è che devi attendere un po' di tempo prima di avere la tua ricompensa, quindi niente gratificazione istantanea al momento del pagamento e nessuna garanzia che il progetto verrà poi realmente realizzato.

È un'ottima strada da percorrere se vuoi essere il primo a provare quel prodotto/servizio innovativo, e per gli investitori che vogliono qualcosa di "concreto" in cambio del proprio supporto economico.

3. **Prestare**. Fai un prestito di €100 a una persona, una causa o un progetto, e vieni ripagato in base a un programma (scadenza) pre-stabilito di rimborso. In alcuni casi puoi guadagnare degli interessi sulla somma prestata, ma non è detto.

L'aspetto positivo è che fai la differenza, rischiando poco. Aiuti l'economia, sempre meglio che lasciare i soldi in banca. Se c'è in ballo un guadagno economico sugli interessi sai già quanto ti torna indietro, senza sorprese.

L'aspetto negativo è che nella maggior parte dei casi non è previsto il pagamento degli interessi. E, come tutti i finanziamenti, c'è sempre un margine di rischio da considerare.

È un'ottima strada per chi vuole fare investimenti a basso rischio e per chi vuole supportare aziende locali senza donare i propri soldi.

4. **Investire.** Puoi investire €100 in una azienda in cambio di una quota del capitale o una piccola percentuale sul fatturato.

L'aspetto positivo, se si decide di donare una somma in cambio di parte dei profitti, è sicuramente il fatto che si possa aumentare il ROI (la redditività del capitale investito) – un potenziale molto più remunerativo di un semplice prestito.

Ma ovviamente l'aspetto negativo sta nell'alto rischio, perché il guadagno non è calcolabile. Inoltre, se l'azienda non ha incassi immediati, si tratta di un investimento sicuramente a lungo termine.

Se si opta invece per una donazione in cambio di quote, l'aspetto positivo è che potresti entrare in possesso di una parte di qualcosa di grande, e quindi la possibilità di trasformare i €100 in €1000 e più. L'aspetto negativo, anche in questo caso, è sempre sicuramente l'alto rischio e l'investimento a lungo termine. Questo modello è sicuramente il più idoneo per chi vuole investire su aziende a lungo termine e per chi può attendere di vedere i loro profitti e/o ricavi crescere, o aspettare il momento di uscita.

Nei prossimi capitoli vedremo quali sono i siti di Crowdfunding utili per ciascun tipo di progetto e/o investitore.

N.B. LE PARTI INTERESSATE

Ci sono tre soggetti partecipanti nella filosofia del Crowdfunding:
a) **Creator o Progettista,** colui che avvia una campagna di raccolta fondi per realizzare un progetto.
b) **Piattaforma o Portale**, il sito web in cui i *creators* possono pubblicare i loro progetti;
d) **Backers o Sostenitori o Donatori**, coloro che donano soldi affinché il creator possa realizzare il suo progetto, e in cambio ricevono una ricompensa.

CAPITOLO 3

STORIA E ORIGINI DEL CROWDFUNDING

Nonostante il Crowdfunding sia considerato un fenomeno recente, la sua storia ha origini centenarie.

Non tutti sanno, infatti, che la prima forma di "Finanziamento Collettivo" risale alla seconda metà del XIX secolo. Ovviamente, basandosi sui principi di "comunità" e "partecipazione", non poteva non trovare nella nostra era tecnologica (internet) un terreno migliore per svilupparsi.

La storia racconta che la Statua della Libertà fu donata al popolo americano dai francesi nel 1885. Si trattava di una statua in rame, raffigurante un donna con una tunica, di circa 230 tonnellate. La statua fu pagata dal governo francese ad eccezione della base (piedistallo) che doveva essere costruito e quindi finanziato dagli americani. Ma quando la statua, dopo aver attraversato l'Atlantico a bordo della nave da guerra "Isère", arrivò al porto di New York, i newyorkesi non erano riusciti a raccogliere i fondi necessari perché né il governo né i ricchi imprenditori furono disposti a finanziarlo.

Dopo circa un anno, fu Joseph Pulitzer, allora direttore del quotidiano "The World" (attuale New York Times) che ebbe l'idea di coinvolgere i suoi lettori. Iniziò una campagna di raccolta fondi mirata alla classe operaia americana promettendo in cambio una ricompensa: promise di pubblicare il nome e la storia di ogni individuo che sovvenzionava sulla prima pagina del giornale. Non importava quanto grande o piccolo fosse l'importo. Dopo soli sei mesi, oltre 120.000 persone donarono più di $100.000 (l'equivalente di $2.3 milioni di oggi) che consentì di completare la costruzione del piedistallo.

Joseph Pulitzer ha non solo salvato la Statua della Libertà e incrementato la circolazione del suo giornale, che aumentò di 50.000 copie, ma diede origine al Crowdfunding nella storia americana.

Più recentemente, colui che ha portato alla ribalta il Crowdfunding è Barack Obama. Egli infatti pagò parte della sua campagna elettorale per le elezioni presidenziali del 2008 con i soldi donati dai suoi elettori. Tramite un loro sito per la raccolta fondi, la campagna di Obama ha ottenuto finanziamenti per oltre 750.000.000 di dollari da piccoli donatori. Fu per questo considerato un pioniere non solo per essere il primo presidente afro-americano ma anche perché rivoluzionò il sistema dei finanziamenti ai partiti nelle campagne elettorali.

In Italia, la campagna di Crowdfunding che ha avuto più adesioni è stata quella per la ricostruzione della Città della Scienza, il polo scientifico di Napoli, distrutto da un rogo doloso nella notte tra il 4 e il 5 marzo del 2013, e che ha raccolto oltre un milione di euro.

La rivoluzione internet, e l'affermarsi di un web sempre più social e sempre più partecipativo, ha dato una concretezza del tutto inedita al concetto di 'potere della folla' e affidato alla crowd un ruolo decisivo che riscontriamo in ogni ambito, dall'informazione (basti pensare a Wikipedia o alle forme ormai diffusissime di giornalismo dal basso) all'economia, dove il crowdsourcing si afferma come nuovo, efficace modello di business. (Wind Business Factor, 2014).

CAPITOLO 4

IL MERCATO INTERNAZIONALE DEL CROWDFUNDING

L'uso del Crowdfunding, come forma di finanziamento, è in continua ascesa da quando, a causa della crisi, il ricorso al credito bancario è diminuito e l'accesso ai finanziamenti è diventato sempre più complesso. Il 2014 è stato definito "l'anno d'oro del Crowdfunding". Infatti, secondo l'agenzia di ricerca *Massolution* lo scorso anno sono stati raccolti più di 16,2 miliardi di dollari tra tutte le piattaforme di Crowdfunding a livello mondiale. Il primato appartiene agli Stati Uniti con una raccolta di circa $10 miliardi, seguito dal mercato Asiatico con i suoi 3,4 miliardi di dollari (una crescita del 320%) e infine l'Europa che ha raggiunto $3,3 miliardi.

Questo boom è dovuto alle leggi che ne regolamentano l'utilizzo, alla globalizzazione e agli accordi internazionali che hanno permesso a questa industria di crescere in maniera esponenziale. Per il 2015 si prevede un incremento del mercato Asiatico più del doppio rispetto al Nord America, la cui leadership sembra vacillare.

Recentemente sono stati rilasciati due rapporti: lo *European Alternative Finance Benchmarking Report*, della University of Cambridge, che si focalizza sul Crowdfunding in Europa e lo studio annuale 2015 CF – *Crowdfunding Industry Report di Massolution* - a livello mondiale, che ha fotografato il grande balzo in avanti del Crowdfunding nelle economie di tutto il mondo. Entrambi i report, assolutamente compatibili, ci offrono un quadro di grande e frenetico sviluppo.

Riportiamo di seguito alcuni punti principali:

> *L'esigenza per le società di individuare forme di finanziamento alternative alle banche è un fenomeno mondiale: la raccolta mondiale è quasi triplicata rispetto al 2013, passando da $6,1 miliardi a $16,2. Gli USA ($9,5 miliardi) sono il traino mondiale, sia per quanto riguarda l'introduzione di nuovi modelli di Crowdfunding, che per la dimensione raggiunta e il conseguente impatto sull'economia reale. I notevoli risultati raggiunti dall'Europa ($3,3 miliardi) sono in gran parte dovuti al mercato Inglese, la cui raccolta costituisce circa il 75% di quella dell'intero continente. Ma iniziano a spiccare il volo anche Francia ($173 milioni) e Germania ($153 milioni). Il vero boom però è quello dell'Asia, che con una crescita di più di 4 volte rispetto al 2013, ha di poco superato l'Europa raccogliendo $3,4 miliardi Il mercato mondiale del Crowdfunding è cresciuto del 167% nel 2014: le piattaforme di Crowdfunding hanno raccolto $16,2 miliardi. Il rapporto di Massolution, appena rilasciato, prevede che la raccolta totale del Crowdfunding arriverà a $34,4 miliardi nel 2015.*
> (Fonte Key4Biz, 2015).

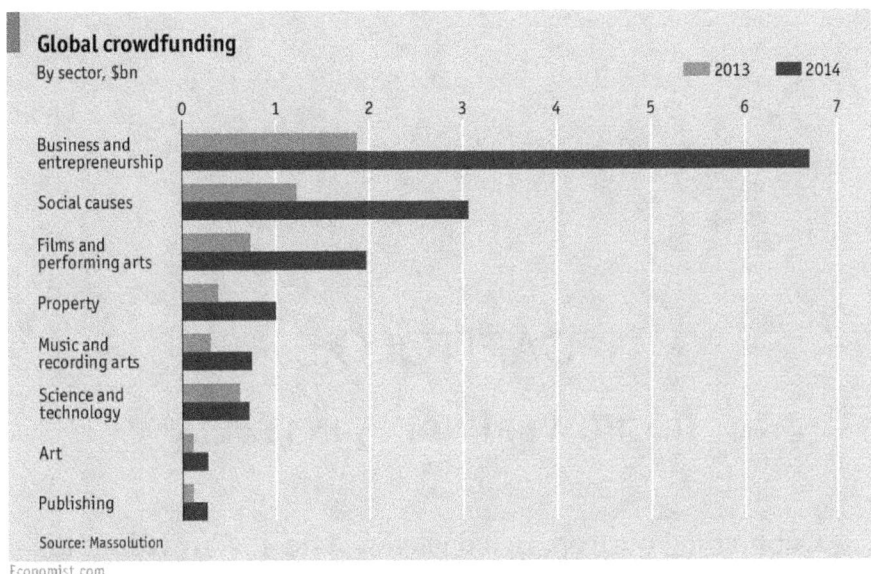

Global crowdfunding
By sector, $bn   ☐ 2013   ■ 2014

Business and entrepreneurship
Social causes
Films and performing arts
Property
Music and recording arts
Science and technology
Art
Publishing

Source: Massolution
Economist.com

Previsioni:

Secondo uno studio commissionato dalla Banca Mondiale, entro il 2025, il mercato globale del Crowdfunding potrebbe raggiungere tra i 90 e i 96 miliardi di dollari, pari a circa 1,8 volte la dimensione del settore del venture capital mondiale di oggi.

La relazione conclude sostenendo che *"il Crowdfunding non è soltanto uno strumento per start-up: esso fornisce opzioni di finanziamento anche ad aziende di medie dimensioni, impegnate nell'avvio, nell'espansione o nella crescita delle proprie attività, eventualmente in concomitanza con sollecitazioni rivolte ad investitori professionali. E' dunque auspicabile che il Governo italiano, mantenendo il primato, estenda l'ambito di utilizzabilità del Crowdfunding anche alle aziende diverse dalle start up innovative."*
(Fonte Alessandro M.Lerro, 2013)

CAPITOLO 5

IL CROWDFUNDING IN ITALIA

Dobbiamo, purtroppo, constatare che il Crowdfunding in Italia stenta a decollare, rispetto agli andamenti nel resto del mondo. Nel 2014 sono stati raccolti quasi € 9 milioni tra tutte le varie tipologie di piattaforme. Una percentuale irrisoria (solo lo 0,3%.) anche se si prende in considerazione il solo il mercato europeo.

I motivi per cui questa nuova forma di finanziamento non riesce ad ingranare sono svariati. Alla base c'è ovviamente la **scarsa conoscenza del Crowdfunding.** Pochi ne hanno sentito parlare e ancora meno sono coloro che lo utilizzano. Tra coloro che sanno cos'è, ci sono molte persone che sono **diffidenti circa il suo utilizzo** in quanto non sempre comprendono i meccanismi di funzionamento, anche in termini di pagamento e donazioni. In Italia, inoltre, si è ancora molto restii ai **pagamenti online tramite carte di credito**, anzi molte persone non hanno nemmeno una carta di credito o carte prepagate per i pagamenti online. Purtroppo, però, le donazioni avvengono sempre tramite forme elettroniche, e poche sono le piattaforme che accettano bonifici o altri metodi di pagamento.

Questo aspetto ci porta ad un altro motivo, il divario digitale/tecnologico **(digital divide)** che è caratteristico dell'Italia, rispetto a paesi ugualmente industrializzati i quali però sono più avanti da un punto di vista delle tecnologie dell'informazione (quali computer e internet) e il loro utilizzo da parte dei cittadini.

Altri fattori riguardano la **scarsa qualità (anche in termini di presentazione) delle idee** proposte sulle piattaforme. Molti dei progetti sono poco attraenti ed interessanti, o non presentano le informazioni chiave che una raccolta fondi dovrebbe avere: ad es. assenza di un video, immagini o ricompense. La poca cultura verso il Crowdfunding e il metodo di utilizzo di questa forma di finanziamento si traduce in progetti che sono destinati a fallire sin dal principio.

Questo perché i progettisti **non si impegnano né nei contenuti, né nella promozione** della campagna, e sono **poco predisposti a lavorare in team**, quindi ad essere collaborativi e partecipativi – cosa fondamentale per il successo di un progetto di Crowdfunding.

Infine c'è da dire che **gli Italiani sono sempre molto scettici** verso qualsiasi forma di innovazione, quindi l'idea di una colletta online non viene vista come rivoluzionaria ma bensì poco affidabile: meglio restare legati ai sistemi tradizionali, nonostante la **troppa burocrazia** nostrana faccia sempre più da bastone fra le ruote.

Anche da un punto di vista legislativo le difficoltà non mancano. **La regolamentazione dell'Equity Crowdfunding ha apportato troppi vincoli** che, con l'intento di prevenire frodi e vari problemi, ha finito col rendere troppo fiscale ed oneroso questa forma di finanziamento; mentre per quanto riguarda la forma reward-based c'è ancora molta chiarezza da fare.

Nel prossimo capitolo vedremo nel dettaglio le singole tipologie di Crowdfunding e le differenze.

CAPITOLO 6

CROWDFUNDING: I 4 MODELLI

In questo capitolo analizziamo le quattro diverse tipologie di Crowdfunding:

1. Donation-Based Crowdfunding

2. Lending-Based Crowdfunding

3. Reward-Based Crowdfunding

4. Equity Crowdfunding

DONATION-BASED CROWDFUNDING

Il donation-based è un modello di Crowdfunding in cui i sostenitori contribuiscono alla realizzazione di un progetto finanziandolo senza aspettarsi in cambio un beneficio tangibile dalla donazione ("donation"). Essi sono spinti cioè dalla dedizione/attaccamento alla "causa" e dall'emotività che la campagna è riuscita a suscitare.

Solitamente si usa per raccogliere fondi per scopi personali, cause comunitarie o iniziative religiose. Sono molte infatti le organizzazioni no-profit o impegnate nel sociale che si affidano a questo modello. Al contrario della reward-based e dell'equity-based (che vedremo dopo), la donation-based non richiede ai progettisti di dare in cambio una ricompensa, anche se, possono farlo.

LENDING-BASED CROWDFUNDING

Il lending-based è un modello di Crowdfunding basato sul prestito economico. Attraverso questo modello le persone (fisiche o giuridiche) possono prestare soldi, ad un tasso di interesse più o meno alto e fisso, con il fine di realizzare un progetto, per poi vedersi restituire il proprio investimento con un ritorno economico.

Questo modello è molto utile per i piccoli imprenditori i quali possono rivolgersi direttamente alle persone invece che passare dalle banche che il più delle volte hanno un processo lungo e complicato per l'approvazione di prestiti (anche se di piccola entità).

È una forma di micro-prestito caratterizzato da tassi di restituzione agevolati. Esistono quindi piattaforme, come Smartika, dove le due parti si incontrano per contrattare il finanziamento e dove il creditore può scegliere a chi prestare denaro dopo aver consultato il profilo web.

I "clienti" target di questa tipologia di Crowdfunding sono diversi rispetto ai clienti delle altre piattaforme. Solitamente essi sono aziende fisiche che hanno un flusso di cassa comprovato di almeno un anno.

Sotto questo gruppo troviamo:

A) Modello micro-prestiti
B) Prestito Peer-to-peer

Il micro-prestito è la fornitura di servizi finanziari ai clienti con un reddito basso, inclusi semplici consumatori e lavoratori in proprio che non hanno accesso a servizi bancari e finanziari. Il denaro è raccolto da un gruppo di persone ed è gestito da un intermediario locale.

Questo è il modello seguito dalla popolare piattaforma Kiva.

Il prestito "Peer-to-peer" è una transazione finanziaria (che consiste soprattutto in prestare e prendere in prestito denaro) che avviene tra individui senza l'intermediazione delle tradizionali istituzioni finanziarie: un gruppo di persone presta piccole somme di denaro alla stessa persona o organizzazione.

Zopa, fondata nel 2005, è stata la prima società di prestito peer-to-peer e agisce come un'intermediaria che facilita il processo. Zopa, di origine londinese, operava anche in Italia ma ha recentemente cambiato nome e ragione sociale ed è ora Smartika. In Italia dal 2007 è presente anche Prestiamoci.

Nel 2009, Zidisha è stata la prima piattaforma di micro prestiti peer-to-peer a mettere in contatto diretto prestatori e debitori attraverso confini internazionali senza intermediari locali.

REWARD-BASED CROWDFUNDING

È, ad oggi, la forma forse più diffusa di Crowdfunding utilizzata per la promozione della propria idea o del proprio progetto per cercare finanziamenti.

In questo modello i sostenitori non ottengono un ritorno finanziario per la loro donazione, bensì una ricompensa ("reward"), che può essere un ringraziamento sotto qualsiasi forma (digitale/online o fisica), una versione beta del progetto/prodotto, vantaggi, gadget, un libro autografato, e molto altro. Ovviamente la rilevanza della ricompensa è proporzionale al contributo economico versato.

La chiave sta nell'originalità delle ricompense che si offrono: più esse saranno coinvolgenti ed emotive più si attireranno donatori. Più donatori si attirano e più probabilità si ha di raggiungere l'obiettivo economico prefissato. La domanda fondamentale che ci si deve porre è: se fossi un donatore, mi piacerebbe ricevere questa ricompensa?

Parleremo comunque più avanti della importanza delle ricompense.

Tramite i portali di "reward-based crowdfunding" si ha, inoltre, l'occasione di entrare in contatto con il proprio mercato, di ricevere feedback di potenziali utenti/clienti, di conoscere i desideri del mercato e ri-orientare di conseguenza le direzioni di sviluppo del proprio progetto. Sono esempi di reward-based le famosissime piattaforme come Kickstarter, Indiegogo, Eppela.

Anche se nella sua forma più pura il Crowdfunding basato sulle ricompense ha come scopo quello di dare agli ideatori del progetto il capitale iniziale per avviare la propria attività e sviluppare i primi prototipi o lotti di fabbricazione esso è, spesso, utilizzato come un canale pre-vendite.

Molte aziende di servizi usano questo tipo di Crowdfunding per raccogliere fondi, dando come ricompense delle esperienze, come un anno gratis di viaggi in giro per il mondo o sconti sui loro servizi.

Il vantaggio più grande di questo tipo di modello è che i creatori del progetto non devono rimborsare i loro sostenitori (tranne nel caso in cui non si raggiunge l'obiettivo, in una piattaforma all-or-nothing). Quindi, a differenza dell'Equity Crowdfunding, non si rischia di indebitarsi appena si avvia l'attività. A carico del progettista vi è solo l'obbligo di consegnare le ricompense promesse una volta che la campagna è terminata.

Una delle controversie primarie legate al reward-based Crowdfunding sta proprio nel fatto che i sostenitori non sono tutelati dalle piattaforme intermediarie: infatti è obbligo del creatore rispettare i suoi doveri nei confronti dei sostenitori (consegnare le ricompense nei tempi previsti). Ci sono stati casi in cui, nonostante i progettisti avessero raggiunto il budget previsto, i progetti non furono mai realizzati e i sostenitori non solo non ricevettero mai le ricompense promesse   ma   non furono nemmeno mai rimborsati.

Le cose, però, stanno pian piano cambiando. Nell'estate del 2015, infatti, ci sono stati diversi casi, in America, in cui i progettisti inadempienti sono stati costretti dalle corti Americane a rimborsare i loro sostenitori, e a risarcirli, per non aver rispettato le promesse indicate nelle loro campagne sui vari portali di Crowdfunding.

EQUITY-BASED CROWDFUNDING

L'Equity Crowdfunding è il modello che permette agli investitori, siano essi privati o professionisti del settore (Business Angel, Venture Capital, etc.), di investire una somma di denaro in una startup o in società non quotate in borsa, ricevendone in cambio delle quote. Secondo la Consob:

"si parla di "Equity-Based Crowdfunding" quando tramite l'investimento on-line si acquista un vero e proprio titolo di partecipazione in una società: in tal caso, la "ricompensa" per il finanziamento è rappresentata dal complesso di diritti patrimoniali e amministrativi che derivano dalla partecipazione nell'impresa".

Questo è il più recente modello di Crowdfunding ed è considerato una valida ed efficace alternativa ai metodi di finanziamento tradizionali.

A seguito del Regolamento attuativo, emanato dalla CONSOB nel giugno del 2013, l'Italia è il primo Paese al mondo a dotarsi di una disciplina specifica e organica per l'equity crowdfunding: "Il decreto legge 18 ottobre 2012, n. 179, convertito, con modificazioni, nella legge 17 dicembre 2012, n. 221 (cosiddetto "decreto crescita bis"), ha introdotto nel corpo del TUF gli articoli 50-quinquies e 100-ter, i quali dettano una disciplina specifica in materia di raccolta di capitali di rischio da parte di start-up innovative tramite portali on line (c.d. "equity crowdfunding").

Questo strumento consente alle imprese che possono qualificarsi come **start-up innovative** (che spaziano cioè tra i settori delle energie rinnovabili, della mobilità sostenibile, dello sviluppo del territorio e dell'innovazione scientifica e tecnologica) di raccogliere capitale di rischio ("funding"), tramite apposite piattaforme on-line, da un elevato numero di potenziali investitori ("crowd").

A distanza di un paio di anni dalla pubblicazione del Regolamento, possiamo però affermare che "l'*equity Crowdfunding* all'italiana" stenta a decollare e questo è dovuto a due motivi fondamentali:

1) Molte startup prediligono il *reward-based Crowdfunding,* preferendo siti stranieri a quelli italiani;

2) Gli investitori italiani (e qui sta il problema principale) sono abituati a investire in titoli di stato e libretti postali. Il Crowdfunding implica, pertanto, una *metamorfosi a livello culturale*. Inoltre sono emerse le rigidità del Regolamento che scoraggiano qualsiasi iniziativa: è necessario sbloccare questa forma di investimento dalle complicate e burocratiche procedure tipiche dei modelli tradizionali.

È necessario, per di più, mettere in evidenza i rischi connessi a un simile investimento: la legge italiana permette solo di acquistare "titoli di capitale", in questo modo si diventa soci della start-up innovativa e si partecipa al rischio economico che caratterizza qualsiasi iniziativa imprenditoriale.

Con la differenza che la start-up innovativa è qualcosa di nuovo, un'idea, un progetto. Il rischio è intrinseco. Non ha una storia, né propria né riferita al settore in cui opera, non ha bilanci da presentare o dividendi da distribuire (gli utili eventualmente realizzati devono essere obbligatoriamente reinvestiti nella società). La decisione di investimento si basa su un approccio inevitabilmente emozionale al progetto.

A causa dell'elevato rischio dell'investimento in una start-up, è consigliabile investire solo somme per le quali si può sostenere la totale perdita e diversificare il proprio portafoglio inserendovi strumenti finanziari tradizionali.

Oltre al rischio capitale, questi strumenti presentano anche un rischio "illiquidità" dal momento che il Decreto ne vieta la negoziazione nei mercati organizzati per il periodo in cui la società può essere considerata una start-up innovativa.

È concessa, tuttavia, la possibilità di effettuare una compravendita tra privati. *(Fonte: SoloFinanza, 2015)*

<u>Breve cenno alle start-up innovative:</u>

La start up innovativa è una società di capitali di diritto italiano oppure una Società Europea costituita ai sensi del Regolamento comunitario n. 2157 dell'8.10.2001, che sia residente in Italia (ai sensi dell'art. 73 D.P.R. 22.12.1986 n. 917).

Essa deve essere dotata dei seguenti requisiti:

a) Costituzione da non più di 48 mesi;

b) Sede principale in Italia;

c) Valore della produzione inferiore a 5 milioni di euro per anno;

d) Non deve aver mai distribuito e non deve distribuire utili;

e) L'oggetto sociale deve riguardare lo sviluppo, la produzione e la commercializzazione di prodotti o servizi innovativi ad alto valore tecnologico;

f) La start up non deve risultare da una fusione, da una scissione o dalla cessione di azienda o ramo d'azienda.

Inoltre, la start-up innovativa deve avere almeno una delle seguenti caratteristiche:

1. Spese in ricerca e sviluppo uguali o superiori al 15% del maggiore tra il costo e il valore totale della produzione (sono escluse le spese per l'acquisto di immobili);

2. Almeno un terzo dei dipendenti o collaboratori devono aver conseguito o avere in corso un dottorato di ricerca, o essere laureati con almeno tre anni di attività di ricerca certificata, svolta presso istituti di ricerca; oppure almeno due terzi della

forza lavoro deve essere in possesso di laurea magistrale ai sensi dell'art. 3 del D.M. 22.10.2004 n. 270;

3. Titolarità o licenza di almeno una privativa per invenzione industriale, o per topografie di prodotti a semiconduttori, o di una invenzione biotecnologica o relativa ad una nuova varietà vegetale, oppure di un programma per elaboratore originario, depositato presso l'apposito Registro; tali privative devono essere relative all'oggetto sociale e l'attività di impresa.

Anche tali ultime caratteristiche, che consentono di qualificare la start up come tecnologica, sono state oggetto di intervento da parte del D.L. n. 76/2013, che ha ridotto dal 20% al 15% l'incidenza minima delle spese di ricerca o sviluppo; ha ampliato il novero della forza lavoro qualificante ridimensionando il requisito della provenienza universitaria; ha colmato una grave lacuna, aggiungendo alle tecnologie qualificanti il software registrato presso la SIAE ai fini della protezione secondo la normativa del diritto d'autore. Del tutto inspiegabilmente, però, dall'ambito tecnologico risulta (per ora) escluso l'industrial design; ciò è paradossale sia in considerazione della leadership italiana in materia, sia del fatto che tra le categorie merceologiche più finanziate sulle piattaforme di Crowdfunding esistenti (ancorché con formule diverse dall'Equity Crowdfunding; ad es. Kickstarter e IndieGoGo) vi è proprio il design.

Per quanto riguarda gli azionisti non vi sono limiti di nazionalità o quote di riserva basate su detto criterio ed il D.L. n. 76/2013 ha eliminato l'obbligo di maggioranza per le persone fisiche. La modifica normativa effettuata nel Giugno 2013 consente ora di non escludere opportunità interessanti, quale potrebbe essere, ad esempio, l'eventuale creazione di una start up farmaceutica finalizzata allo sviluppo di un farmaco, da parte di una multinazionale del settore. (*Fonte: Altalex, 2014*).

I modelli di investimento equity-based sono diventati conosciuti grazie a due piattaforme specializzate nel business della musica, SellaBand e Bandstocks. Siccome le procedure coinvolte nel crowdfunding 'equity-based' sono complicate, e sarebbero proibitive per un piccolo progetto, le piattaforme hanno trovato delle soluzioni alternative.

In particolare, sono emersi due modelli principali:
a) il modello-cooperativa;
b) il modello-club

Il **modello-cooperativa** (conosciuto anche come modello holding o modello veicolo) in cui si fonda una cooperativa formale con lo scopo di raccogliere i fondi: i contribuenti individuali vengono radunati in entità legali che investono nei progetti. Un esempio è costituito dall'internazionale GrowVc.

Nel **modello-club**, le piattaforme reclutano e gestiscono potenziali investitori come membri di un circolo di investimento chiuso ma ad adesione volontaria. In tal modo, l'offerta non è formalmente fatta al pubblico bensì ad un gruppo di potenziali investitori (una platea chiusa). Un esempio è costituito da Crowdcube, piattaforma britannica che offre partecipazioni finanziarie.

La novità sta nel fatto che è possibile trarre un profitto dal proprio investimento.

CAPITOLO 7

LE VARIE TIPOLOGIE DI PIATTAFORME DI CROWDFUNDING

Il motivo per cui il Crowdfunding piace sempre di più, soprattutto alle nuove start-up, è che rappresenta un metodo alternativo di finanziamento. Ultimamente infatti è entrato nella "Top Funding Sources" per volume di affari, dopo Venture Capital, Angel Investors e Banche.

Dobbiamo però non dimenticarci che il successo di una campagna è determinato da una serie di fattori e regole non sempre facili da intuire e da applicare.

È altresì importante cogliere il vero spirito del Crowdfunding, inteso come una campagna marketing non tradizionale. Iniziamo, pertanto, analizzando le varie tipologie di piattaforme di Crowdfunding.

Scegliere la piattaforma giusta è un passo molto importante per il successo del proprio progetto di Crowdfunding. Molte persone che incontro e che hanno intenzione di avviare una raccolta fondi online mi dicono sempre "Utilizzerò Kickstarter perché è il più famoso" e poi scopriamo che magari il loro progetto non è adatto al modello di business di Kickstarter.

Ad esempio, ho conosciuto un professore universitario che voleva raccogliere soldi per una sua invenzione in ambito medico: un macchinario per rilevare la febbre dengue (una grave malattia infettiva tropicale che si trasmette tramite le zanzare). Lui voleva utilizzare Kickstarter, ma fin da subito gli ho detto che non sarebbe stata la piattaforma adatta.

Questo perché i termini e condizioni di Kickstarter indicano espressamente che i progetti che devono essere altamente regolati non possono essere avviati sulla loro piattaforma. E l'invenzione del professore rientra tra questi. Doveva preventivamene essere certificata dalla US Food and Drug Administration (FDA) per poter essere introdotta nel mercato, e quindi la certificazione in sé violava i termini di Kickstarter. Gli ho quindi consigliato di usare MedStatr, una piattaforma di Crowdfunding dedicata solo a progetti medici/scientifici a sfondo tecnologico.

Questo esempio è importante per farti capire quanto sia necessario (e quindi molto vantaggioso) conoscere a fondo lo scenario Crowdfunding e dove ti puoi collocare.

Le piattaforme di Crowdfunding possono essere raggruppate in tre categorie:

Piattaforme Specializzate:

Dette anche di Nicchia o Verticali, queste piattaforme si dedicano soltanto a progetti riguardanti un particolare settore di mercato (settoriali) o un particolare territorio geografico (territoriali). Molto spesso, i progetti più seguiti sono proprio quelli che riguardano il sociale o la creatività. Va quindi attuata una vera e propria *due diligence* da parte della startup/progettista per individuare la piattaforma fra le tante che meglio potrà aiutarla nei propri obiettivi.

Studi di settore hanno rilevato che nei prossimi anni le "piattaforme di nicchia" aumenteranno sempre di più. Utilizzando queste piattaforme, le start-up hanno una migliore possibilità di raggiungere il loro pubblico mirato.

Per esempio, ci sono nuove piattaforme che si specializzano in settori come l'editoria e la letteratura. Gli esempi includono Pentian, Pubslush, Upspringer che collegano gli autori autopubblicati con editori, case editrici, agenti letterari, e lettori.

Piattaforme Specifiche:

Molte piattaforme soddisfano una varietà di industrie, ma si concentrano su alcuni tipi di progetti (ad es. progetti creativi, tecnologici o di sviluppo di hardware).

Piattaforme Generalistiche:

Sono le classiche piattaforme di prima generazione e di tipo generale: non hanno cioè limitazioni o restrizioni sui progetti inseriti nella loro piattaforma. In esse infatti si possono trovare campagne che vanno da individui che sollecitano il supporto per una procedura medica o un matrimonio, agli artisti che cercano di finanziare progetti creativi e tecnologici, o start-up che cercano di finanziare lo sviluppo di un nuovo prodotto innovativo ecc.

Un'altra distinzione riguarda il modo in cui le piattaforme di Crowdfunding strutturano l'assegnazione dei fondi:

Il modello Tutto-o-Niente (All-or-Nothing)

La caratteristica principale di questo modello è che il target economico deve essere raggiunto entro un periodo di tempo prefissato (generalmente impostato dalla piattaforma stessa). Se il target non viene raggiunto, la campagna si considera fallita e le transazioni raccolte verranno restituite ai donatori.

Un noto esempio di questo modello è il celebre Kickstarter. In Italia, segue questo modello Eppela, la piattaforma di reward-based Crowdfunding più affermata.

In alcuni modelli, le somme raccolte vengono trasferite in un altro conto, gestito dalla piattaforma, e possono essere poi trasferite su un altro progetto.

Il modello prendi tutto (Take it all o Keep-What-you-Earn o Keep-it-all)

In questo modello, tutti i fondi raccolti durante il periodo di finanziamento vengono accreditati al proprietario del progetto a prescindere se esso raggiunga o meno il 100% del target entro la scadenza prefissata. IndieGoGo è uno degli esempi più noti ("flexible funding"), mentre in Italia abbiamo BoomStarter.

È interessante anche osservare modelli alternativi, come quello della piattaforma americana RocketHub (per progetti creativi), detto "All And More" (tutto e di più). Funziona come un normale modello "prendi tutto" dove però se si raggiunge o eccede il proprio obiettivo economico il progetto è esentato dal pagamento di parte delle tariffe (es. la tariffa di iscrizione alla piattaforma, la percentuale dovuta alla piattaforma sul finanziamento raccolto, etc).

È un chiaro tentativo di tenere alta la motivazione di coloro che avviano un progetto, comprensibilmente non agli stessi livelli di coloro che scelgono una soluzione "tutto o niente".

Tuttavia, coloro che donano restano comunque non motivati a spargere la voce sul progetto, in quanto le ricompense verranno elargite indipendentemente dal raggiungimento del target prefissato.

Un altro modello innovativo è rappresentato dall'italiana Starteed, che incentiva a partecipare attivamente ai progetti offrendo ai sostenitori la possibilità di ottenere un ritorno economico reale.

Anche la piattaforma di nicchia Upspringer ha introdotto un nuovo modello. Essa prevede infatti che una campagna sia considerata di successo se il progetto raggiunge almeno il 50% dell'obiettivo prefissato. Se entro la scadenza non si raggiunge questo step intermedio i sostenitori vengono rimborsati, mentre più ci si avvicina al 100%, meno Upspringer si trattiene come percentuale per i suoi servizi.

È quindi importante capire quale di questi metodi preferisci.

Brian Meece, CEO di RocketHub (piattaforma di crowdfunding Keep it All) fa notare che "*il metodo del Keep it All significa che una persona può puntare in alto, con la sicurezza di cadere comunque in piedi.*" I creatori quindi possono stare tranquilli che qualsiasi cifra raccoglieranno gli arriverà in banca, e non devono preoccuparsi di perdere tutto se mancano pochi euro e giorni al raggiungimento dell'obiettivo.

Dall'altra parte, Yancey Strickler, co-fondatrice di Kickstarter (piattaforma leader, che adotta il metodo "All or Nothing") afferma che "*il metodo tutto o niente è importante perché protegge sia il creatore del progetto che il sostenitore. Come creatore, tu sai che sei obbligato a raggiungere quella cifra che hai stabilito e che hai ritenuto necessaria per realizzare il tuo progetto, senza trovarti a dover adempiere comunque a degli obblighi quando hai in mano $40 rispetto ai $4000 che stavi cercando di ottenere. Mentre per i sostenitori c'è una 'sicurezza di numeri'; stai sostenendo qualcosa che è effettivamente finanziato, senza la preoccupazione di chiederti 'chissà dove vanno realmente i miei soldi?' cosa che invece ti chiederesti se non ci fosse una sorta di soglia da raggiungere*".

Cédric Bégoc, community manager di Ulule concorda: "*Cosa succede se non raggiungi l'obiettivo? Non hai abbastanza soldi per creare il tuo progetto. Cosa succede se ti dessimo comunque i soldi? Fai un progetto superficiale? Lo porti a termine parzialmente? Probabilmente si, perché non hai i fondi necessari per realizzare la tua ambizione. Sei deluso, e deluderesti anche i tuoi fan e sostenitori. [...] Noi crediamo che il modo giusto di utilizzare il crowdfunding sia il metodo più trasparente: hai un budget, lo raggiungi. Ottieni il budget e realizzi il progetto promesso, al massimo delle potenzialità... e nessuno viene preso in giro*".

Di opinione differente è invece Carmen Cultrera, co-fondatrice e CEO di Upspringer, piattaforma di Crowdfunding per libri e progetti letterari: "*Noi crediamo che il Crowdfunding sia un modo per dare una mano a coloro che hanno un progetto da realizzare, non deve necessariamente essere la soluzione a tutti i problemi. Se attraverso il*

Crowdfunding [i creatori] riescono a ottenere anche solo una parte dei fondi necessari, perché non darglieli? Il resto dei fondi possono sempre trovarli in altro modo, proprio come avrebbero fatto se il Crowdfunding non fosse mai esistito. I sostenitori sanno in cosa vanno incontro quando decidono di sostenere un progetto, e decidono di fidarsi: questo vale sia per i progetti su piattaforme 'All or Nothing' che 'Keep it All'."

Il dibattito su quale metodo sia migliore, o più efficace, è molto acceso, specialmente tra le piattaforme di Crowdfunding. Ma da un punto di vista del creatore del progetto, che cosa può comportare esattamente? Cosa si può fare se il progetto non raggiunge l'obiettivo?

Solitamente, i progetti "All or Nothing" che non raggiungono l'obiettivo vengono riorganizzati in progetti più piccoli con un obiettivo economico più basso, mentre i progetti "Keep it All" vengono rimessi online, con lo stesso budget meno i fondi già ottenuti dalla precedente campagna, raggiungendo quindi, quasi sempre, il goal finale dopo diversi "tentativi" di finanziamento.

Decidere quale metodo usare è legato soprattutto a quanto flessibile sia il tuo budget: sei hai un progetto per il quale hai bisogno di fondi precisi, e sei disposto ad aspettare un mese o due per sapere se li avrai effettivamente o meno, allora vai per il metodo "All or Nothing", mentre se parte dei costi del tuo progetto sono già stati coperti, o sai che potresti parzialmente ottenerli in qualche altro modo, e sei disposto a realizzare il tuo progetto a prescindere da quanti fondi riusciresti a raccogliere, allora ti conviene optare per il metodo "Keep it All", dove i tuoi fan possono incoraggiarti (e magari aiutarti a pagare l'affitto) con i loro pre-ordini.

Una volta stabilito quale metodo si preferisce, c'è un altro aspetto importante da tenere in considerazione: le commissioni trattenute dalle piattaforme. Ogni piattaforma applica le proprie commissioni, che partono da un minimo di 2% a un massimo di 15%. Queste percentuali sono importanti nel definire il proprio obiettivo economico, perché incidono sul totale effettivamente incassato. Facciamo degli esempi.

Kickstarter trattiene il 5% sui fondi. Quindi se io raccolgo €5000, €250 andranno in automatico a loro. RocketHub trattiene il 4%, sui progetti che raggiungono l'obiettivo, e l'8% sui progetti che non raggiungono l'obiettivo. Quindi, supponendo che il mio progetto non raggiunge l'obiettivo, ma ha comunque raccolto €4500, dovrò toglierci ben €360.

Queste commissioni sono i "costi" ufficiali, ma stai ben attento: esistono anche i costi "nascosti". Cosa sono? Sono le commissioni legate ai metodi di pagamento (le *processing fees*).

Siti come PledgeMusic indicano una commissione del 15%, ma include anche i costi per la gestione dei pagamenti, quindi se io creo una campagna di successo su PledgeMusic so già che, dai €5000 raccolti, dovrò togliere €750 (ma nient'altro). Inoltre, sempre PlegdeMusic ha delle politiche di accredito particolari: il 75% immediatamente, e il restante 25% quando il progetto è finito. Ciò vuol dire che, dei €4250 effettivamente miei, ne avrò subito €3188, e il restante... non si sa quando.

Come vedi ogni sito ha le proprie politiche, e per questo è importante studiare bene ogni aspetto della piattaforma prima di iniziare una campagna. È statisticamente dimostrato che la maggior parte delle persone non legge né le condizioni d'uso né le informative sulla privacy dei siti... sbagliatissimo! Specialmente se c'è di mezzo un progetto veramente importante, leggi con attenzione le condizioni delle piattaforme che ti interessano maggiormente per capire veramente quali sono i pro e i contro di ognuna. Devi capire esattamente quali sono i costi, per poter definire con più precisione il budget da raggiungere per poter realizzare il tuo progetto. Nei prossimi capitoli vedremo anche quali sono altri fattori economici da tenere a mente prima di definire il budget finale.

In sostanza, è importante leggere attentamente le condizioni d'uso di ogni sito e le rispettive FAQ per capire esattamente in cosa andiamo in contro, e cosa dobbiamo realmente aspettarci al termine della campagna.

Il Crowdfunding Indipendente: DIY

Il DIY (Do-It-Yourself), che significa esattamente "fai-da-te", consiste nel creare una propria campagna personale partendo da zero: si crea cioè un proprio sito web e lo si promuove al pubblico. Questo metodo è un po' più complesso. Occorre, infatti, essere abbastanza tecnologici, avere conoscenze SEO e di marketing, studiare e creare un modo per indirizzare il traffico verso il sito web e, cosa molto importante, mantenere quel traffico. Il sito web deve essere sempre aggiornato, deve avere contenuti interessanti per gli utenti, ed essere in grado di collezionare le informazioni in maniera appropriata. Non c'è niente di peggio del non riuscire a gestire i fondi in maniera corretta o soffrire di qualche mancanza a causa di problemi al sito.

Il DIY, detto anche **Crowdfunding Indipendente**, sta comunque diventando abbastanza di moda ultimamente, a causa soprattutto del fatto che molti siti di Crowdfunding stanno restringendo il numero di progetti approvati, modificando le regole e le norme delle loro piattaforme, rendendo di conseguenza non-idonei progetti che magari in precedenza avevano le giuste qualifiche. Sempre più progetti si trovano le porte delle piattaforme di Crowdfunding sbarrate, e sono costretti a ricorrere al Crowdfunding indipendente.

Dopo il successo di Lockitron (http://www.lockitron.com/), un sistema che permette di chiudere o aprire le porte a distanza dal tuo smartphone, molte persone sono fiduciose di poter raccogliere fondi da soli, anche senza l'ausilio di un portale famoso. Lockitron ha raccolto $1,500,000 da solo, pari al 1000% in più rispetto all'obiettivo originale, dopo che uno dei portali leader del Crowdfunding gli ha negato la partecipazione alla loro piattaforma.

I pro:
- Si evita la commissione da dare al portale intermediario (dal 4% al 10%,),

- Si può personalizzare al 100%, amministrare senza restrizioni, e non ci sono categorie proibite,
- Si possono effettuare campagne più lunghe.

I contro:
- Meno esposizione (il marketing è tutto sulle proprie spalle),
- Investitori meno accessibili e credibili,
- Eventuali difficoltà nella creazione di landing pages e nella gestione dei pagamenti,
- Problemi tecnici da dover risolvere da soli.

Come iniziare il metodo DIY.

Grazie a SelfStarter (www.selfstarter.us), che insieme a GitHub (www.github.com), permette di scaricare i codici iniziali necessari per creare il sito che ti serve. Per coloro invece che non sono molto tecnologici, ci sono altri strumenti. Crowdhoster (www.crowdhoster.com), ad esempio, è una piattaforma senza codici creata per il Crowdfunding indipendente (chiamato anche *custom-based*) e adatta a coloro che vogliono creare semplici campagne, con ricompense di vario livello e gestire i pagamenti autonomamente. I codici disponibili su GitHub permettono pagamenti solo via Amazon, mentre il sistema di pagamenti di Crowdhoster è molto più automatizzato. Attraverso grafiche personalizzate e molte funzioni disponibili, gestire e creare una campagna da solo è molto facile.

Anche IgnitionDeck è una piattaforma molto utile, che si basa su WordPress, permettendoti di creare campagne di Crowdfunding dal sito WordPress. Ti viene fornito un pannello amministratore molto dettagliato, con tutte le funzioni *behind-the-scene* e le statistiche necessarie. Include inoltre la funzione eNewsletter attraverso MailChimp e Aweber. È necessario però pagare $59 per l'utilizzo dei plug-ins.

Ma ricordati: a prescindere da quale metodo userai, il marketing è tutto sulle tue spalle. È molto più difficile indirizzare il traffico di utenti verso il tuo sito personale, quindi devi avere un atteggiamento aggressivo per quando riguarda la pubblicità. In secondo luogo, se decidi di creare il portale da solo, è meglio inserire diverse modalità di pagamento, tra cui PayPal, Swipe, e le carte di credito.

Se invece scegli di affidarti a una piattaforma di Crowdfunding già esistente, ci sono diverse cose che devi valutare prima di iniziare.

Prima di lanciare una campagna, devi identificare le ragioni dietro alla creazione del tuo progetto. Scoprire e definire lo scopo principale ti aiuterà a capire meglio quale piattaforma fa al caso tuo. Ad esempio, se sei un artista ti conviene esplorare le piattaforme famose per vedere quali sono i loro progetti creativi andati a buon fine, ma se sei specializzato in qualcosa – un autore che vuole pubblicare il suo libro, uno sviluppatore di video giochi, o anche un esperto di bio-tecnologia – allora ci sono delle piattaforme di nicchia che ti conviene analizzare, e che potrebbero essere più appropriate al tuo scopo. Devi sapere inoltre che molte piattaforme hanno delle restrizioni sulla tipologia di progetti accettati – start-up e progetti *no profit* possono trovarsi la strada molto più sbarrata. Ma non demoralizzarti, c'è una soluzione a tutto!

In genere, molti creatori di progetti si iscrivono su queste piattaforme con tanto entusiasmo, dimenticando però che l'esposizione è solo parte del viaggio: il vero test è convincere degli sconosciuti a sostenere la tua causa. Mentre alcuni progetti sono attrezzati per affrontare questa sfida, altri hanno bisogno di una comunità di nicchia per farcela. Siccome ogni piattaforma di Crowdfunding ha le proprie differenze, è importante studiare i singoli svantaggi e vantaggi di ognuna.

Pensa ai tuoi scopi finali, e scopri quale piattaforma può davvero aiutarti nel raggiungimento del tuo obiettivo.

Già nel 2012 esistevano ben 450 piattaforme di Crowdfunding. È importante quindi che i creatori di progetti facciano le ricerche giuste, e si informino adeguatamente per capire quale piattaforma sia meglio per loro, a seconda del progetto che devono lanciare. Ci sono differenze sostanziali, e da non sottovalutare, nei servizi offerti da ciascuna piattaforma. Cerchiamo di capire meglio quali sono e come decidere la strada migliore.

Come selezionare la piattaforma più adatta.

Ci sono diversi fattori da prendere in considerazione che ti aiuteranno a scegliere la piattaforma giusta. Inizia col rispondere a queste domande:

1. La campagna che vuoi avviare ha uno scopo di beneficenza o causa sociale?
2. Stai cercando di capire se la tua idea è valida e funzionerà?
3. Stai cercando di ottenere dei pre-ordinativi sul tuo prodotto già pronto?
4. Stai vendendo un servizio o un prodotto fisico?
5. I fondi che vuoi raccogliere sono tra €1- €500,000 o più?
6. Hai un'idea fantastica ma devi testare il prezzo?
7. Sei un'azienda alla ricerca di finanziamenti?

Se hai una buona idea ma non sei sicuro che funzionerà allora l'Equity Crowdfunding di certo non fa al caso tuo, visto che gli investitori finanziano solo in un'azienda con un business model collaudato. O se ti servono più di €500.000 per acquistare dei macchinari, il modello reward-based è anche quello sbagliato per te.

Se stai cercando di raccogliere fondi per i tuoi servizi di business allora il metodo reward-based è quello che ti serve. La chiave qui sta nel capire che non c'è modello giusto e universale per tutti, e quindi devi resistere alla tentazione di buttarti a capofitto nella piattaforma più famosa solo perché pensi di conoscerla già e credi sia quella con la maggior possibilità di successo. Non è così. Infatti, in termini di traffico web, Gofundme è il sito di Crowdfunding più visitato a livello mondiale, superando addirittura anche Kickstarter! Ha raccolto oltre $380 milioni online, ed ha una community molto grande.

Quindi non trascurare queste piattaforme "secondarie" quando fai la tua scelta.

Oltre al modello di business dovrai valutare altri aspetti della piattaforma e del tuo progetto, ad esempio devi decidere se la tua campagna è più per un pubblico di nicchia o più vasto. Come abbiamo detto in precedenza ci sono piattaforme specializzate, come Upspringer per progetti editoriali e letterari, - perfetti per un pubblico che ama leggere – o Appcatalyser che è solo per mobile apps. Ricordati che anche se le piattaforme verticali non avranno lo stesso traffico delle piattaforme tradizionali il loro audience tende ad essere molto mirato e coinvolto, e quindi sarà più propenso a sostenere il tuo progetto o la tua causa.

Dovrai anche valutare la partecipazione attiva della piattaforma nella promozione della tua campagna. Upspringer è famosa anche per l'impegno che mette nel marketing e nella visibilità di ogni singola campagna: Upspringer offre servizi a pagamento per aumentare la tua visibilità e far andare la tua campagna virale, ma di base (anche senza acquistare alcun pacchetto a pagamento) segue i suoi progettisti, e li promuove sui social e sui canali online e offline.

CAPITOLO 8

VANTAGGI E BENEFICI DEL CROWDFUNDING

Di seguito elenchiamo i 10 principali benefici del Crowdfunding per gli imprenditori.

1) Fornisce accesso a capitali

Il Crowdfunding è una valida alternativa per trovare fondi per un iniziativa, senza accumulare debiti o cedere per forza parte delle quote. Le piattaforme di Crowdfunding reward-based permettono agli imprenditori di raccogliere fondi in cambio di ricompense (regali tangibili o altri regali inerenti al progetto) in un tempo relativamente breve.

2) Protegge dai rischi

Creare un progetto o mettere su una start-up può essere un percorso molto rischioso e pieno di ostacoli. Oltre a dover trovare i fondi per iniziare, occorre tenere conto che ci sono sempre dei costi imprevedibili, sfide che pone il mercato, e il dover dare retta a persone che vogliono una parte della tua azienda per aiutarti a decollare. Iniziare una campagna di Crowdfunding ti protegge da questi rischi. Il Crowdfunding di oggi permette a un imprenditore di testare il mercato ed evitare la strada della cessione delle quote prima di entrare effettivamente in campo.

3) Funge da strumento di marketing

Una campagna di Crowdfunding permette di presentare il proprio progetto e la propria missione al mercato, in maniera gratuita e semplice, ed è anche un modo facile per raggiungere diversi canali. Infatti, praticamente tutte le piattaforme di Crowdfunding incorporano i meccanismi dei social network, rendendo facile il re-indirizzamento al tuo sito web o altre pagine sui social network. Questo permette alla campagna di ricevere migliaia di visite da singoli utenti e potenziali sostenitori. Questi utenti sono molto importanti per il marketing virale, in quanto hanno la possibilità di condividere e spargere la voce ai loro amici.

4) È la prova che l'idea funziona

Mostrare agli investitori, e convincere te stesso, che il tuo progetto ha ricevuto consensi positivi sul mercato nelle prime fasi iniziali è difficile. Tuttavia, il Crowdfunding rende tutto questo possibile. La prima domanda che un Angel Investor, o qualsiasi altro investitore, ti chiederà riguarderà quasi sempre la prova che l'idea funziona. Un buon modo per ottenere credibilità e rispetto è essere in grado di dimostrare che la tua idea ha avuto una buona campagna di Crowdfunding. Crea fiducia e integrità verso il progetto.

5) Permette un *brain-storming* attraverso la folla

Uno degli ostacoli primari di una start-up, e degli imprenditori, è il riuscire a prevedere e risolvere tutti i problemi che potrebbero sorgere in un futuro non troppo lontano. Iniziando una campagna di Crowdfunding, si può coinvolgere la massa e ricevere commenti, feedback, e idee. Questi feedback sono estremamente importanti, perché possono aiutare a capire certi aspetti che erano magari passati inosservati. Potrebbe addirittura ispirare altre idee!

Sia che la campagna abbia successo o meno, riceverai comunque dei feedback. Se le persone trovano il tuo progetto interessante e lo sostengono, saprai che potrà andare bene. Se non raggiungi l'obiettivo, saprai che magari c'è da cambiare qualcosa o dovrai ripartire da zero, ma per lo meno non hai investito soldi in una start-up per poi scoprirne i difetti nascosti troppo tardi.

6) Ti introduce potenziali clienti di fiducia

Una campagna di Crowdfunding non solo permette a un imprenditore di presentare un prodotto o un'azienda, ma gli da la possibilità di condividere il messaggio e lo scopo dietro l'idea. Le persone che vedono la campagna e decidono di contribuire in essa sono coloro che credono nel successo e nel potenziale del progetto, a lungo termine. In pratica, queste persone sono i clienti "precoci"; fondamentali per qualsiasi business, perché aiuteranno a spargere la voce senza pretendere nulla in cambio. Queste persone sono molto interessate al messaggio e al brand del progetto, e molto probabilmente saranno clienti affezionati per tutta la vita del progetto. Creare *brand awareness* tra la gente è importante. I tuoi sostenitori non vedranno l'ora che il progetto sia finito, e lo diranno a tutti! Il passaparola andrà da sé, mentre tu stai lavorando al tuo libro o al tuo film. I tuoi sostenitori saranno i tuoi ambasciatori appena lancerai il progetto.

7) È più facile rispetto ai metodi tradizionali

Chiedere un prestito o seguire la strada di investimenti di capitale alternativi sono strade difficili che ogni imprenditore deve affrontare, specialmente agli esordi. Ma per fortuna, il metodo del Crowdfunding è una passeggiata, in confronto ai metodi tradizionali. L'imprenditore non deve far altro che iscriversi sulla piattaforma più consona alle proprie esigenze, condividere il proprio messaggio, fare un video promozionale, e creare delle ricompense interessanti. Le campagne di Crowdfunding durano poco, da 30 a 60 giorni di media, quindi una volta partita, otterrai i risultati in relativamente poco tempo.

8) È un metodo di PR totalmente gratuito

Una campagna di successo attrae potenziali investimenti dai metodi tradizionali e crea un' attenzione mediatica. Storie di successo attraggono i lettori, e i giornalisti non vedono l'ora di poterne parlare. Il Crowdfunding è un industria in crescita, e innumerevoli imprenditori, che hanno avviato una campagna andata a buon fine, hanno avuto una grande esposizione mediatica e tanto successo una volta terminata la raccolta fondi. Se la tua campagna ha successo, o viene considerata "unica" da parte dei media, il tuo progetto riceverà un'attenzione mediatica gratuita ancora prima del lancio ufficiale. Potrai contattare quegli stessi giornalisti quando il progetto è pronto e, con un po' di fortuna, scriveranno un altro articolo ricordando ai lettori quel progetto e aumentando l'interesse e le vendite del tuo prodotto.

9) Offre l'opportunità di pre-vendere

Una campagna di Crowdfunding offre all'imprenditore l'opportunità di vendere il proprio prodotto o concetto che non è ancora stato messo sul mercato. Questo è un ottimo modo per misurare la reazione degli utenti e analizzare il mercato, per poter decidere se continuare o magari modificare l'idea originale.

10) È gratis!

Quasi tutte le piattaforme di Crowdfuding sono totalmente gratuite! Solo nel momento in cui la somma stabilita viene raggiunta (per alcune piattaforme anche solo in parte) allora il sito si tratterrà una percentuale che, come abbiamo già detto in precedenza, varia dal 2% al 15%, a seconda della piattaforma, sul totale sovvenzionato. Ma non ci sono costi iniziali da dover investire.

Quindi, in pratica, il Crowdfunding è un ottimo metodo per chiunque voglia ricevere fondi e l'attenzione necessaria per poter verificare, lanciare, e/o aiutare il proprio progetto a crescere. Ricapitoliamo i benefici che si possono ottenere dall'uso del Crowdfunding:

- Puoi ottenere pubblicità gratuita,
- La commercializzazione dei tuoi prodotti è più facile e più conveniente,
- È possibile realizzare il tuo progetto anche se non hai i fondi per cominciare,
- Hai pochi rischi e la possibilità di ottenere le vendite anticipate,
- Hai sempre il pieno controllo della tua azienda,
- Puoi "testare" i tuoi prodotti o le tue idee,
- Anche se fallisci puoi riprenderti facilmente,
- Raccogliere anche più di quello che ti aspettavi.

CAPITOLO 9

POSSIBILI SVANTAGGI

Ma vediamo adesso gli aspetti negativi del Crowdfunding.

1) Tutto o niente

La maggior parte delle piattaforme di Crowdfunding adottano il modello "tutto o niente" che, come abbiamo già accennato precedentemente, vuol dire che se non raggiungi almeno il 100% dell'obiettivo economico prefissato, non ricevi nulla e ai tuoi sostenitori non viene detratto niente. Quindi potresti ritrovarti con un pugno di mosche in mano, anche dopo settimane di sforzi e a pochi passi dal traguardo.

2) Reputazione

Sei sempre sotto i riflettori: le persone si aspettano che tu le tenga sempre aggiornate e informate sull'andamento del progetto. Inoltre, se la tua campagna fallisce, rimane sulla piattaforma, e tutti la vedono.

3) Fretta

Il tuo prodotto deve essere pronto entro qualche mese dopo la chiusura della campagna. I sostenitori non amano attendere anni per ricevere le loro ricompense

4) Tempo e soldi

Alcune ricompense ti costeranno tempo e soldi. Capita spesso che i creatori di una campagna aggiungano ricompense allettanti quando manca poco al raggiungimento del traguardo, senza però tenere in considerazione il tempo extra che richiederanno e soprattutto il costo aggiuntivo. Anche se dovessero raggiungere il loro obiettivo, avranno abbastanza soldi per coprire anche le spese delle ricompense? Queste devono essere valutate con estrema attenzione.

5) Rischio di esposizione: La concorrenza

Il Crowdfunding può sembrare una cosa innocente. Ma bisogna tenere a mente che stiamo esponendo il nostro progetto a rischi non previsti. Tanto per cominciare, ti trovi a mettere su Internet molte informazioni dettagliate sul progetto, dando a potenziali concorrenti informazioni riservate sul tuo business. Questo può portare anche alla nascita di nuovi avversari. In certe situazioni il Crowdfunding può esporre la tua azienda a violazioni di sicurezza. È importante quindi riuscire a trovare la giusta bilancia tra divulgare abbastanza informazioni per attrarre i sostenitori, ma senza eccedere nei dettagli. Nei prossimi capitoli vedremo anche come sarà possibile tutelarsi in questo senso.

6) Progetti a lungo termine

Se stai cercando dei fondi per un progetto a breve termine, o per un evento speciale, allora il Crowdfunding fa sicuramente al caso tuo. Ma se la tua azienda sta cercando una strategia di "guadagno" più a lungo termine, il Crowdfunding non risulta essere un metodo efficace come fonte di risorsa continuativa sui cui un azienda può fare affidamento. È un ottimo metodo per ottenere fondi, anche in piccole somme, da parte di molti sostenitori, ma per piccole imprese questo metodo può creare problemi. I soldi che un business ha bisogno per partire, raramente si riescono ad ottenere attraverso un Crowdfunding. Nei prossimi capitoli vedremo quali sono le piattaforme di Crowdfunding più consone alle imprese.

7) Troppi ordini, poco tempo

Se vendi un prodotto attraverso il Crowdfunding, e hai molti ordinativi, rischi di non essere in grado di soddisfare le richieste nel tempo promesso, e questo può danneggiare la tua reputazione e il tuo marchio. Una campagna di successo è solo l'inizio: devi sapere mostrare risultati convincenti ai tuoi clienti, sempre e in qualsiasi circostanza. Se parti male, è un problema. Nella terza parte di questa guida vedremo come affrontare problemi legati ai ritardi nella consegna delle ricompense.

8) Possibili azioni legali

Gli investitori si aspettano una resa economica e potrebbero non essere troppo pazienti se l'azienda non inizia a generare profitti in breve tempo. Azioni legali contro imprese che non hanno mantenuto gli accordi possono capitare, e un imprenditore può trovarsi alle prese con accuse di frode, incompetenza, violazione di norme contrattuali... non sarebbe una bella situazione.

9) Limitazioni

Il valore delle quote vendute a un investitore in un periodo di 12 mesi non può eccedere $1 Milione. Se un imprenditore ottiene in un anno tale cifra tramite equity Crowdfunding, poi non potrà più chiedere fondi. Inoltre, la vendita delle quote non è permessa durante il primo anno. E cosa succede se l'azienda cresce troppo rapidamente e ha bisogno di più soldi?

10) Il fallimento

Se una campagna di Crowdfunding non va a buon fine, si crea un senso di fallimento nella persona – che può portare all'abbandono definitivo del progetto e la paura di rimettersi in gioco. Il Crowdfunding necessita dell'abilità di prendere decisioni sensate, e bisogna essere pronti con un piano di riserva nel caso la campagna non si evolvesse come sperato. Bisogna essere in grado di capire se l'idea è da accantonare per sempre o, invece, se ci sono solo delle modifiche da dover apportare per poter avere più successo nel futuro.

Il Crowdfunding è un fantastico modo per ottenere fondi, accrescere *brand awareness* e aumentare le vendite – tuttavia, non è sempre così facile. Nei prossimi capitoli vedremo come preparare e svolgere una campagna di Crowdfunding senza incorrere in troppi rischi.

Quindi, dopo aver valutato i pro e i contro del Crowdfunding, cerchiamo di capire se questa strada è adatta a te. Ci sono diversi fattori da valutare mentre consideri l'opzione del Crowdfunding, numeri e dati che possono indirizzarti verso la scelta migliore.

Iniziamo col provare a rispondere a queste domande:

- Hai realmente capito cosa comporta il Crowdfunding?
- Sei pronto a dare il 100% delle tue energie e attenzioni a questa campagna?
- C'è qualcuno intorno a te a cui ti puoi rivolgere nel caso ti servisse assistenza o aiuto per fare le cose per cui non sei molto portato?
- In che modo hai intenzione di comunicare con la folla? Sei fiducioso delle tue capacità di comunicare con i tuoi

sostenitori?

- Sei capace di navigare attraverso i vari social network e sfruttare il potenziale delle strategie di marketing, o non sei molto tecnologico?
- Quali potrebbero essere delle potenziali ricompense per i tuoi sostenitori?
- Quanto sei fiducioso che la tua idea o il tuo progetto di business avrà successo?
- L'audience a cui ti rivolgi, lo conosci? Sai cosa gli piace, cosa vogliono o cosa si aspettano?
- Hai guardato altre campagne di Crowdfunding per farti un'idea?
- Come pensi di mantenere attivo l'interesse per il tuo progetto dopo che hai lanciato la campagna?
- Hai in mente di aggiungere altre ricompense o attività per mantenere l'interesse attivo e crescente?
- Qual è il valore reale del tuo prodotto, dal punto di vista dei sostenitori?
- Perché secondo te funzionerà? Hai fatto delle ricerche approfondite?
- Per mantenere attivo l'interesse ancora di più, quali ricompense speciali sei pronto a distribuire ai tuoi sostenitori?
- Sei in grado di far entusiasmare le persone circa il tuo progetto – anche se non è presentato da un venditore professionista? Si venderà da solo?
- Sei disposto a prenderti anche un rischio personale?
- Qual è il budget che puoi dedicare alla promozione del tuo progetto?
- Perché il tuo progetto è speciale? Cosa lo distingue dagli altri progetti, tanto da far si che risalti da solo?
- Hai calcolato i potenziali costi, tra cui tasse e imposte, associate al Crowdfunding?
- Credi seriamente, con tutto il cuore, che il tuo progetto resisterà alla prova del tempo? Tu, la tua famiglia e i tuoi

amici, siete fiduciosi che il prodotto si venderà?

- Hai un trovato un nome eccezionale per il tuo progetto?
- Hai account di Facebook, Twitter, Tumblr, Linkedin?
- Sarai in grado di mantenere tutte le promesse che farai riguardo eventuali sconti promozionali, gadget, o sconti di prevendite?
- Come sei messo in termini di budget? Ti sei lasciato un po' di margine nel caso ci fossero delle sorprese? Hai calcolato le previsioni future?
- Sei in grado di creare materiale visivo per accrescere l'interesse dei tuoi sostenitori, e far si che vedano effettivamente qual è la tua idea?
- Hai calcolato in maniera attenta e precisa i costi totali del tuo progetto start-up?
- Hai creato delle categorie di ricompense in base ai diversi livelli di supporto o per diversi sostenitori? Hai considerato i diversi prezzi, secondo una scala crescente?
- Hai visto altri progetti simili al tuo? Hai capito esattamente cosa serve per fare bene almeno tanto quanto loro? O cosa evitare se invece loro stanno andando male?
- Hai degli orari di disponibilità abbastanza flessibili? Hai abbastanza tempo a disposizione per soddisfare le richieste, e sei disposto a fare sacrifici?

Se hai risposto SI alla maggior parte di queste domande, e sei disposto a lavorare senza tregua prima di iniziare, allora sei il candidato ideale per intraprendere la strada del Crowdfunding!

CAPITOLO 10

PERCHÉ IL CROWDFUNDING FUNZIONA

Ecco alcuni motivi del perché funziona il Crowdfunding:

1) **Non rappresenta alcun rischio per il donatore:** Essendo ad l'offerta libera egli può partecipare al progetto con piccole somme. Inoltre nelle piattaforme All-or-Nothing, se il progetto non va a buon fine, i donatori vengono rimborsati totalmente.

2) **Non carica di responsabilità lo startupper:** Il progettista non ha obblighi o vincoli con nessuno. Egli dovrà solo completare il progetto nei termini e modi promessi e descritti nella campagna senza le aspettative di guadagno tipiche degli investimenti più classici.

3) **La quantità è più facile da reperire della qualità:** chiedere ai propri familiari, amici, conoscenti o altri sovvenzionatori di donarti 10 euro ciascuno è una cosa ragionevole e fattibile. Diverso invece è cercare di contattare investitori, chiedere decine di migliaia di euro e sperare di averli.

4) **Un progetto ben presentato** ed interessante ha ottime possibilità di raggiungere la cifra sperata grazie al potere virale del passaparola digitale che è alla base del Crowdfunding.

CAPITOLO 11

REGOLE PER UN CROWDFUNDING DI SUCCESSO

Di seguito troverai alcuni consigli utili per una campagna di successo, - predisposti per lo più per una campagna di reward (o di donation) Crowdfunding, - ma adattabili anche a una campagna di equity.

1. **Conoscere il target dei propri sostenitori.** Occorre individuare bene il pubblico a cui si vuole comunicare il lancio della campagna, trovare delle ricompense adatte a loro e fare una comunicazione mirata verso coloro che già hanno interesse per il tipo di progetto che si sta lanciando.

2. **Scegliere un traguardo realistico per la propria campagna.** Anche se a volte si è tentati di cercare di finanziare cifre molto alte, bisogna ricordare che l'entusiasmo di un sostenitore nel vedere che la campagna supera il traguardo è impagabile e garantirà una credibilità maggiore.

3. **Avete bisogno di un prodotto tangibile.** Le persone vogliono toccare con mano quello che gli si offre, sarebbe pertanto opportuno pubblicare nella pagina del progetto le foto di alcune delle ricompense.

4. **Trattate ogni sostenitore come se fosse un investitore**. Scandite ogni passo del vostro cammino attraverso update e notifiche che raccontino i progressi della campagna. Ciò che vi renderà forti sarà la trasparenza, cercate di mantenere informati tutti i sostenitori su scadenze e novità.

5. **L'impegno attivo è fondamentale**. Un buono sforzo di crowd-sourcing si trasforma in un evento sociale che coinvolge aggiornamenti e annunci regolari costruendo una storia.

6. **Coinvolgere il proprio team.** Il Crowdfunding richiede energia e impegno non indifferente. Sarebbe pertanto consigliabile coinvolgere un team con ruoli e responsabilità definite che consente non solo di distribuire il carico di lavoro, ma aumenta anche la possibilità di successo del progetto in modo esponenziale.

7. **Il Piano di Marketing.** Come in ogni settore, anche nel Crowdfunding il successo deriva da una corretta pianificazione: la pianificazione della campagna, del messaggio, del mercato di riferimento.

8. **Test e risposte:** anche se a te il tuo messaggio potrebbe piacere molto, devi tenere in considerazione che potrebbe invece non avere un buon impatto sugli altri. È opportuno allora testare tutto il materiale, a partire dal video del progetto, attraverso e-mail e tweet. Questo consente di capire quali testi nell'oggetto ottengono i migliori tassi di apertura e quale contenuto genera il maggior numero di clic. Questo test andrebbe effettuato sia a persone conosciute che non, per evitare "il pregiudizio degli amici". Puoi inviare questionari via e-mail e/o effettuare indagini telefoniche. Tutto ciò permette di diffondere i messaggi giusti alle persone

giuste, e di assegnare il corretto valore ai premi.

9. **"Interessare" la folla.** Per raggiungere l'obiettivo di raccolta nel più breve tempo possibile è opportuno iniziare a comunicare con alcuni gruppi di riferimento almeno due/tre mesi prima del lancio della campagna, aumentando gradualmente le comunicazioni quando la data di lancio si avvicina. Ciò serve a tenere alto l'entusiasmo di coloro che hanno manifestato interesse in modo che siano pronti a impegnarsi con i propri soldi al momento lancio.

10. **Garantirsi i primi sostegni finanziari**: Iniziare una campagna con un progetto già finanziato da qualcuno (cioè non con uno "0" nell'ammontare finanziato), provoca un effetto rassicurante e benefico negli altri potenziali sostenitori. Poichè difficilmente qualcuno vuole essere il primo a mettere soldi in un progetto, sarebbe opportuno individuare quei tre o quattro sostenitori più convinti che si impegnano a fornire con certezza il massimo del sostegno finanziario. Generalmente lo si cerca fra i propri conoscenti (amici e parenti) ma è possibile individuarlo anche tra i sostenitori se la campagna è stata pubblicizzata prima del lancio.

11. **Follow up.** Se è pur vero che lo scopo principale è il raggiungimento dell'obiettivo e altrettanto vero che, ricordarsi di ringraziare tutti coloro che hanno garantito il proprio sostegno economico, può fare la differenza per il futuro del progetto. Ad esempio per ottenere sostegno in occasione di un successivo round, per spingere all'acquisto o al riacquisto del prodotto, o per... garantirsi indulgenza nel caso i tempi di realizzazione del prodotto siano più lunghi del previsto.

CAPITOLO 12

PERCHÉ LA GENTE FALLISCE

Analizziamo adesso alcuni comportamenti che portano al fallimento del progetto:

1. Il Crowdfunding non è un gioco. Come abbiamo già accennato precedentemente, aspettare tranquillamente seduti sul divano che il vostro progetto riscuoti il successo desiderato e solo una grande utopia. Una attenta e adeguata preparazione e un piano di azione molto studiato e dettagliato sono la chiave del successo.

2. Non si fa abbastanza ricerca. La mancanza di una strategia e di un piano di marketing porta sicuramente al fallimento.

3. Errata comunicazione. Promuovere il proprio progetto in maniera confusa e superficiale è una garanzia del flop del progetto. Spiegare in maniera chiara e semplice la nostra idea e cosa ci aspettiamo e chiediamo non è facile ma, spesso, è essenziale: l'interlocutore a cui ti rivolgi non ti conosce e potrà farsi un'idea della tua persona e delle tue richieste soltanto leggendo o ascoltando quello che dici, senza poter parlare con te in modo diretto. Nei prossimi capitoli parleremo più dettagliatamente di alcuni aspetti della comunicazione.

4. Ricompense che non soddisfano. Queste riguardano ovviamente le reward-based piattaforme la cui peculiarità – come abbiamo già detto – si basa sulle ricompense ossia sui compensi spettanti ai tutti i finanziatori del progetto. Parleremo più dettagliatamente delle ricompense ma in questo paragrafo diciamo solo che generalmente si stabiliscono dalle 4 alle 10 ricompense. La scelta che hanno i sovvenzionatori è vasta..Basta essere sinceri e realistici. Ma le ricompense devono essere accattivanti.

5. Stabilire obiettivi troppo alti. Non fare questo errore. Ricordati che non hai a che fare con sprovveduti.. Spesso è una palese dimostrazione che non hai le idee chiare o che vuoi approfittarne.

6. Dimenticarsi di ringraziare. Sia che la campagna sia andata a buon fine o meno, ringraziare chi ti ha sostenuto ed ha creduto in te è la cosa più professionale che puoi fare. Ricordati che non vi sono limiti alla presentazione delle campagne sulle piattaforme.

7 . Niente aggiornamenti. Niente di più sbagliato! La tua comunità si aspetta di ricevere continui aggiornamenti.

PARTE II – LE STRATEGIE PER UN CROWDFUNDING DI SUCCESSO

CAPITOLO 13

Il PIANO D'AZIONE

Una campagna Crowdfunding di successo necessita di strategie mirate. Occorre cioè costruire un efficace "Piano di Azione".

Un piano d'azione consiste in una serie di azioni specifiche che devono essere eseguite secondo una logica precisa, al fine di realizzare il proprio obiettivo.

In genere, un piano d'azione si può definire rispondendo a 5 domande:

1. Cosa devo fare? (Quali azioni devo fare per realizzare il mio obiettivo)
2. Come posso farlo? (Come posso svolgere le azioni necessarie)
3. Dove lo farò? (In quale contesto avverranno le azioni).
4. Quando lo farò? (In quale data, ora e tempo avverranno le azioni).
5. In quale sequenza? (Quale sarà l'ordine logico e cronologico delle azioni che porteranno alla realizzazione dell'obiettivo)

Ci sono tre step da considerare:

1) OBIETTIVO.

Per capire qual è il tuo obiettivo basta rispondere alla domanda "Qual è l'obiettivo che voglio raggiungere?". È importante definire esattamente cosa si vuole ottenere con il proprio progetto.

2) SCOPO.

Per sapere qual è il tuo scopo basta rispondere alla domanda: "Perché è importante raggiungere questo obiettivo?" Sapere qual è tuo scopo è la chiave del successo. Non basta avere ben chiaro l'obiettivo ma serve anche sapere perché lo vuoi raggiungere: questo ti aiuta a trovare la giusta motivazione per agire e portare avanti il tuo progetto. Cerca la risposta più emotiva a questa domanda, cercando di capire quale sarà l'impatto positivo sulla tua vita se raggiungerai lo scopo.

3) AZIONE.

Per realizzare il tuo obiettivo, e portare a termine il tuo scopo, ti serve un piano d'azione. Chiediti: "Quali azioni devo compiere per raggiungere quell'obiettivo?" È importante che tu definisca questo piano step-by-step. Ogni azione specifica sarà mirata al raggiungimento del tuo progetto.

"Fallendo nella preparazione, ti prepari a fallire."
Benjiamin Franklin

Il piano d'azione non ha regole precise o strategie predefinite. Ci sono infatti obiettivi raggiungibili attraverso una sequenza di azioni più o meno semplici e sequenziali, altri invece non così specifici o mirati in quanto non hanno precedenti a cui si può fare riferimento.

Alla base di ogni strategia ci sono semplici regole. Prima di tutto poniamoci alcune domande, ideate da Federico Bo:

1. *Qual è il nostro obbiettivo secondario? Promuoverci, farci conoscere, pubblicizzare il prodotto, creare buzz ecc.*
2. *Come vogliamo impostare la campagna di Crowdfunding?*
3. *Chi vogliamo raggiungere? A parte la prima cerchia di possibili finanziatori (amici, parenti, fan/follower già presenti sui nostri canali social) come raggiungere in Rete e fuori una platea più vasta?*
4. *Cosa vogliamo fare esattamente con i soldi, al netto dei costi della campagna?*
5. *Quali luoghi del web "contaminare" con la nostra campagna? Quale sarà il centro nevralgico della campagna (a parte la pagina dedicata sulla piattaforma scelta)? Un sito? Una pagina Facebook? Un tumblr? Quali canali social utilizzare? Quali "influencers" coinvolgere?*
6. *È ipotizzabile organizzare eventi offline, tipo aperitivi, per supportare la campagna di Crowdfunding? A quali appuntamenti (manifestazioni, camp, festival ecc.) sarà utile partecipare per promuovere la campagna?*
7. *Che linguaggio adottare per la nostra comunicazione?*
8. *Quali contenuti usare? Testo, video, immagini ecc. Come vogliamo impostare lo "storytelling" che ci permetterà di raccontarci? Quale affermazione, potente e persuasiva, utilizzeremo? È fondamentale far sì che l'utente venga coinvolto emotivamente, stabilendo un senso di relazione e partecipazione per fare in modo che*

diventi a sua volta ambasciatore.

9. *Quale piattaforma utilizzare? Quali sono le condizioni e i termini di ogni piattaforma? Quali strumenti e funzionalità mi mette a disposizione? Quali strumenti di pagamento? Quanto tempo ho a disposizione per la campagna? Devo raggiungere il target prefissato per avere i soldi o no?*

10. *Quali sono i rewards – se previsti - che possiamo mettere a disposizione dei finanziatori per varie fasce di donazione? Quali sono queste fasce di donazione?* Nel rispondere a questa domanda bisogna essere molto creativi, partire dall'idea "core" e spaziare con fantasia, per evitare le solite spillette.

La domanda fondamentale che lega tutte è comunque quella che si porrà il possibile sostenitore:

"*Io, possibile finanziatore, perché dovrei darvi soldi?***"**

Cosa ci "guadagna", in pratica, il nostro finanziatore? Qui non si intende (solo) la più o meno piccola contropartita (reward) ma, più in generale, la ricompensa non materiale, la soddisfazione che l'utente deve ricevere nel sostenere il progetto. La molla che fa scattare la donazione è, nella maggior parte dei casi, legata a fattori emozionali, alla sensazione di partecipare ed essere co-protagonista nella trasformazione di un'idea in qualcosa di concreto, sia esso un prodotto, un film, un restauro, un evento. (Fonte: Federico Bo)

PIANO DI LANCIO

Avere un piano fa la differenza fra riuscire o fallire. Molte persone ritengono la pianificazione una perdita di tempo, *"perché poi nella pratica le cose non vanno mai davvero come erano state pianificate"*. In realtà non è proprio così, soprattutto quando si tratta di promuovere una campagna di Crowdfunding. In questo settore, come in altri, il processo di pianificazione aumenta le probabilità di successo del 100%. Anche un piano che non funziona perfettamente aumenta comunque le possibilità di aver successo di almeno 10 volte rispetto al non aver un piano. La spiegazione è molto semplice: nel mondo di oggi un imprenditore è costretto ad operare in condizioni di continuo mutamento. Ci sono, inoltre, una serie di elementi che, combinati insieme, determinano il fallimento o il successo di una idea imprenditoriale. Avere un piano ci permette di studiare le opzioni, le situazioni e, quando ci troviamo costretti a fare dei cambiamenti, possiamo sempre adattare e/o modificare il piano iniziale.

Nei prossimi capitoli vedremo quali sono i vari step da seguire quando si parla di un piano d'azione: dal pre-lancio, al lancio ufficiale, al post lancio.

CAPITOLO 14

PREPARARE IL PROGETTO DI CROWDFUNDING

Tutte le campagne di Crowdfunding iniziano con l'individuazione del target di clienti. In pratica devi capire a chi ti stai rivolgendo e devi capire cosa pensano esattamente i tuoi clienti: Gli interessa? A cosa sono interessati? Quanto gli interessa davvero?

È importante, quindi, prima di avviare la tua campagna, capire chi sono i tuoi fan/clienti. Di seguito ti spieghiamo come si fa, ma prima, però, voglio raccontarti la storia di Segway. Ne hai mai sentito parlare? È il classico esempio di un buon prodotto, ma non di una soluzione.

In pratica Segway è un mezzo di trasporto a due ruote che si auto-bilancia con il peso del conducente e può essere guidato ovunque (anche nelle zone pedonali). Era nato come mezzo eco-friendly, con lo scopo di ridurre il traffico e diminuire l'inquinamento. Sembra perfetto no? Il suo ideatore, Dean Kamen, pensava che le vendite sarebbero state milionarie. Ma quando finalmente il prodotto è stato lanciato sul mercato non sono state raggiunte, neanche lontanamente, le 10.000 vendite alla settimana, obiettivo minimo che si erano prefissati. La ragione principale di questo fallimento sta nel fatto che Dean non ha identificato un problema prima di creare Segway. Credeva davvero che le persone avrebbero utilizzato uno strumento così "strano" (da vedere, in primis) senza provarlo o senza un allenamento?

Morale della favola: Segway era un prodotto fantastico, ma non una soluzione.

Ora quindi lo stesso principio si può apportare al Crowdfunding.

Non c'è una via semplice. Se vuoi che le persone tirino fuori il portafoglio, devi risolvergli un problema così importante per loro da essere disposti a darti dei soldi. La verità è che il processo di "scoperta" dei tuoi clienti è lungo, difficile e a volte deludente. Alla fine potresti renderti conto che il tuo progetto non è per nulla profittevole. Ma appena trovi la chiave giusta tra prodotto e marketing, il viaggio sarà eccezionale.

Ti dirò un segreto molto interessante: gli utenti delle piattaforme di Crowdfunding sono molto più tolleranti e permissivi, e sono disponibili nel darti feedback utili. Pensa alla piattaforma di Crowdfunding come un mezzo per validare la tua idea su grande scala e dove puoi trovare molti clienti. Tuttavia è sempre meglio iniziare la scoperta dei clienti prima di avviare la campagna. In fin dei conti lo scopo principale è raccogliere fondi, non perdere tempo con altre cose. No?

SCOPRIRE CHI SONO I TUOI CLIENTI:
la customer discovery

Ecco 5 step per effettuare la customer discovery prima di avviare la campagna.

1)   Scrivi tre ipotetiche soluzioni che (pensi) la tua idea risolve.

Ovviamente devi trattare ogni ipotesi come una supposizione. Fino a quando una supposizione non è testata, non puoi prevedere ciò che i tuoi clienti vogliono davvero. Quindi sei stai vendendo un dispositivo smart per monitorare i bambini, un esempio di ipotesi sarebbe "La maggior parte dei genitori vuole sapere cosa succede a casa quando il figlio è da solo con la baby-sitter".

Poi dovrai comprovare questa ipotesi facendo un sondaggio tra i genitori, chiedendo per esempio. "Quante volte chiami a casa per controllare la baby-sitter e chiedere se è tutto a posto". E così scopri che molti genitori chiamano 2-3 volte nell'arco di una sera, dimostrando che sono molto apprensivi e che quindi la tua teoria è valida.

2) Scrivi qual è il target di riferimento

Il secondo step è quello di chiederti "Qual è i mio target di riferimento?". Fai una lista e scrivi qual è il gruppo specifico di persone a cui ti rivolgi. Sii preciso, ma non troppo limitato, nella descrizione di queste persone.

Per esempio, diciamo che hai un'idea per un contenitore per il pranzo al sacco. Coloro che amano mangiare è troppo generico, persone che amano mangiare lasagne è troppo limitato. Pendolari che lavorano in città e si portano il mangiare da casa può essere invece un buon gruppo di riferimento.

3) Scopri dove sono, e vacci a parlare.

Una volta identificato il gruppo target, devi capire dove e come poterli approcciare. Passa del tempo con loro, chiacchiera con loro. Che siti frequentano? Che abitudini hanno?

4) Ascolta i loro problemi

Molte persone non sanno qual è il loro reale problema. Solitamente i clienti sono in grado di articolare i problemi che riescono a vedere e sentire. Ma questi potrebbero non essere i loro veri problemi. Ti basta parlarci e formulare le domande giuste per arrivare al nocciolo della loro più nascosta sofferenza.

5)   Cerca la chiave giusta tra il prodotto e il marketing

Una volta stabiliti i problemi dei tuoi clienti è ora di definire l'approccio prodotto-marketing. La tua idea di Crowdfunding è in grado di risolvere questi problemi e dare una soluzioni ai tuoi clienti? In caso positivo... allora congratulazioni! La tua campagna sarà quasi sicuramente vincente.

In caso negativo invece, cosa fare? Se, da un punto di vista di budget e di capacità, si può cambiare l'idea in modo che venga indirizzata e mirata ai problemi dei tuoi clienti allora fallo. Altrimenti alcuni consigliano di lasciar perdere l'idea e focalizzarsi su altro.

Qualsiasi sia il risultato, la *customer discovery* è molto utile e può farti risparmiare molto tempo, soldi ed energie.

CAPITOLO 15

PRE-LAUNCH MARKETING

Il marketing "pre-lancio" è un aspetto molto importante della tua campagna di Crowdfunding. Infatti, l'andamento della raccolta fondi è determinata da quanto ti impegnerai in questa fase. Per creare il tuo audience dovrai darti da fare – in termini di tempo e sforzi – con tanto anticipo, prima del lancio ufficiale. Secondo le statistiche, solo il 43% dei progetti raggiunge il proprio obiettivo economico. Il 12% non ottiene nemmeno una donazione, non perché questi progetti non siano validi ma perché non mettono in atto una buona strategia per generare traffico.

Il successo della tua campagna di Crowdfunding sta nella tua strategia pre-lancio. Quando il Crowdfunding iniziò, nel 2009, era molto più facile ottenere i fondi perché c'erano pochi progetti attivi e la competizione era più bassa. Oggi, invece, la situazione è ben diversa. Kickstarter conta 9000 progetti attivi ogni giorno, quindi non basta più avere "una bella idea": non puoi più fare solo affidamento sul fatto che il tuo progetto è innovativo e fantastico. In un'era in cui la competizione – in qualsiasi ambito – è alle stelle, è importante imparare come generare traffico per portare utenti alla propria pagina di Crowdfunding.

Ecco cosa fare: Costruisciti l'audience molto tempo prima del lancio. Almeno con tre mesi di anticipo. Più audience riesci ad attrarre più si spargerà la voce, ma per far si che questo accada hai bisogno di tempo.

<u>Ma come si fa? Iniziamo dagli step più basilari</u>

STEP 1: Scrivi qual è il tuo target di riferimento (i clienti)

Fai una lista di segmenti specifici a cui ti riferisci. Non essere troppo generalista, ma neanche troppo specifico nella tua descrizione di questi ipotetici clienti.

STEP 2: Crea una semplice landing page per raccogliere email.

Non serve per forza una landing page dal design super elegante e distinto. Basta qualcosa di semplice ma che catturi l'attenzione. Per i più restii a darti la propria email puoi offrire loro qualche cosa in cambio. (es. un mini e-book gratis).
Questo genere di email list, che ti crei in questo modo, hanno un valore inestimabile. È da qui che ti arriveranno (in parte) i soldi che ti servono. Quindi è importante che incoraggi le persone a lasciarti l'email. Tali utenti sono tutti potenziali clienti e ciò ti da una maggiore possibilità di convertirli in donatori. Queste email sono 2 volte più efficaci rispetto alle email inviate ad indirizzi presi a caso o pubblicità random sui social media. Se si sono iscritti, vuol dire che sono interessati. Puoi utilizzare servizi come MailChimp o Aweber, che sono anche abbastanza intuitivi da adoperare, per raccogliere le email.
Al contrario di quello che pensano in molti, non serve un' email list di 100.000 iscritti per avere fondi, ciò che serve è un gruppo di iscritti interessato e qualificato che beneficerà del tuo prodotto finale.
Per maggiori informazioni leggi il capitolo "La Landing Page".

STEP 3: Pianifica un'efficace sequenza di email per il lancio.

Il segreto sta tutto nel come ti approcci ai tuoi iscritti tramite le email. È importante organizzarsi in tempo e pianificare circa 5-7 email nel corso di un paio di settimane prima del lancio ufficiale. In queste email dovrai parlare di come il tuo prodotto potrà aiutarli. Se il tuo video di presentazione (che userai durante la promozione della campagna) è pronto, può già farglielo vedere in anteprima! Ma non parlare solo del tuo prodotto, condividi tutti gli aggiornamenti sul progresso del lancio, e comunica loro anche se ci sono possibili ritardi. Le persone tendono ad apprezzare di più coloro che si mostrano sinceri e reali.

STEP 4: Inizia un blog.

Ti serve un blog decente, che ti dia la giusta credibilità davanti ad un pubblico interamente *social*. Investi un po' di soldi per un buon dominio, web hosting, e un template premium. Ci sono diverse piattaforme utili da usare, quindi accantona la scusa "è difficile iniziare un blog".

Scopri quali sono le domande che attanagliano i tuoi potenziali lettori e utenti, e crea blog post per questi temi: affronta i loro dubbi e dagli delle risposte. Questo farà si che le persone trovino il tuo blog e si iscrivano per restare aggiornati.

STEP 5: Parti dalle 10 persone più vicine a te, nel tuo network.

Questo è lo step più veloce e semplice da attuare per iniziare ad avere subito traffico. Pensa al tuo prodotto: che valore offre? chi ne trarrà maggior beneficio? Pensa alle persone nel tuo network, possono essere amici, parenti o colleghi, ma anche amici di amici, ex-compagni di scuola, persone che hai conosciuto ad un evento.

Quindi scrivi questi nomi su un foglio di carta (fallo!), poi manda ad ognuno di loro un'email e condividi il link alla tua landing page.

STEP 6: Passa del tempo nei gruppi online in cui la tua community si trova. È importante capire dove i tuoi potenziali clienti passano il tempo, specie nel mondo di internet: gruppi Facebook, forum online, ecc. e farsi trovare li.

Ecco alcune domande che puoi porti:

1)   Quali siti online frequenta il mio audience?
2)   Quali parole chiave di ricerca usano maggiormente?
3)   Quali siti di social media usano?

Dovresti almeno controllare i gruppi di Facebook, LinkedIn e Google+.

Ecco cosa puoi fare:

Scrivi su Google "forum:*nicchia*" (nicchia sta per ciò a cui ti vuoi rivolgere). Se per esempio vuoi trovare i gruppi in cui si parla di Crowdfunding scriverai "forum:crowdfunding". Iscriviti poi a questi gruppi, e offri il tuo contributo. Non partire subito con la promozione della tua landing page, ma impara prima ad ascoltare e aiutare gli altri a risolvere i loro problemi. Ricordati che è sempre meglio dare che ricevere.

STEP 7: Promuovi offline

Anche se ormai quasi tutti hanno un pc, non vuol dire che tutti vivano incollati allo schermo. Magari partecipano ad eventi mondani, fanno barbecue con gli amici, frequentano pub, giocano a sport o vanno in chiesa. Quindi è importante anche promuovere la tua landing page al di fuori di internet.

La comunicazione offline non è da sottovalutare, proprio perché molti preferiscono ancora l'approccio faccia-a-faccia, che dà sempre più credibilità. Ciò non vuol dire che devi andare in giro ad infastidire ogni passante, ma devi effettivamente far sì che la voce si sparga in tempi celeri.

Sii te stesso, quindi se qualcuno ti chiede "Che stai facendo ultimamente?" tu approfittane per parlargli del tuo progetto e della tua campagna.

STEP 8: Promuoviti attivamente sui social media.

Promuovi il tuo progetto tramite i canali social media. Iscriviti a Facebook e Twitter se non lo hai ancora fatto. Troverai molto supporto e coinvolgimento su questi canali. Partecipa attivamente agli eventi online e offline, e crea dei rapporti/amicizie anche virtuali con persone nella tua stessa nicchia. Possono aiutarti nella condivisione, oltre che a sostenerti economicamente appena la campagna partirà. Se hai soldi da investire, crea dei contenuti virali (di qualità) da far girare in rete: come infografici, video e foto divertenti.

STEP 9: Mantieni una lista di giornalisti

Ci sono due categorie principali di gruppi nell'industria giornalistica a cui comunicare il lancio del tuo progetto. I blogger e i giornalisti. Entrambi i gruppi hanno un influenza importante e possono far raggiungere il tuo progetto a molte persone. Il tuo compito in questo step è di creare una lista con le email di questi giornalisti e blogger e poi contattarli.

COME APPROCCIARE I GIORNALISTI

Convincere i giornalisti a parlare del tuo progetto/prodotto/ lancio è solo la prima parte per ciò che riguarda l'aspetto *media* del marketing. Il secondo aspetto riguarda il riuscire a coordinarsi con loro sulla data di uscita dell'articolo. È importante pianificare bene il lancio del comunicato stampa. Rilasciare comunicati stampa può essere un ottimo strumento per veicolare traffico al tuo sito, ma se non è fatto bene e studiato nei minimi dettagli può risultare un'arma a doppio taglio.

FASE 1: Stabilisci una data

Dovrai organizzare una data unica per tutti i giornalisti/blogger di modo che ognuno faccia uscire un articolo sul tuo progetto nello stesso giorno. Senza questa organizzazione rischi che qualcuno ne parli troppo presto rispetto al lancio della campagna, o troppo tardi. Se stai comunicando l'esistenza di una nuova campagna di Crowdfunding rischi, se ne parli troppo presto quando magari non hai raggiunto ancora nemmeno il 20-30% dell'obiettivo economico, di perdere credibilità con i futuri utenti.

Inoltre, visto che molti siti giornalistici preferiscono essere i primi a trattare una notizia, rischi di vederti scartato perché magari qualcuno ha già pubblicato il tuo comunicato stampa giorni prima.

FASE 2: Devono parlare del progetto.

Quando chiedi ai media di parlare della tua campagna, spesso finiscono col chiederti di inviargli un *sample* del tuo prodotto. È una pratica che sconsiglio, a meno che non sia stato testato e ri-testato mille volte, e se sei sicuro che funzioni alla perfezione. Devi far si che si focalizzino sulla campagna in sé e non sul prodotto.

FASE 3: Pianifica almeno due comunicati stampa nell'arco della campagna.

Non giocarti tutti i tuoi contatti subito. Pensa, magari, di rilasciare due comunicati a distanza di settimane per annunciare due cose diverse: es. lancio e raggiungimento del 50% dell'obiettivo. In questo caso i giornalisti possono avere due spunti di cui parlare e, alcuni contatti che prima ti hanno ignorato, ora, con il secondo comunicato, magari ritrovano l'interesse.

<u>Quando contattarli: le tempistiche.</u>

La domanda più comune è "Con quanto anticipo devo mettermi in contatto con i giornalisti?". È importante conoscere le tempistiche di ogni tipologia di media per non restare troppo indietro. Molte testate giornalistiche usano calendari editoriali per pianificare ed organizzare i contenuti futuri, quindi ecco come è meglio muoversi.

Riviste mensili: 3-4 mesi di anticipo. Ciò significa che se ti interessa farti intervistare a Febbraio dovrai coordinare il tuo *media coverage* del tuo lancio almeno verso Ottobre-Novembre.

TV: 4-6 settimane, per quelle nazionali. 2-4 settimane per quelle locali.

Radio: 2-6 settimane di anticipo.

Online (tra cui blog, podcasts, riviste e comunità online): qui si varia molto, ma considera almeno 1-2 mesi prima.

Ricordati che puoi sempre inviare email di sollecito per sapere se il tuo comunicato è stato ricevuto, o rimandare l'email anche 1-2 settimane prima (se non si è avuto riscontro) perché magari i blog hanno una schedule più veloce.

Nei prossimi capitoli parleremo nel dettaglio dei comunicati stampa.

CAPITOLO 16

PROGETTARE LA CAMPAGNA:

I Contenuti

Partendo dal presupposto che ogni piattaforma di Crowdfunding ha le sue regole e linee-guida che dovrete seguire, di base ci sono delle caratteristiche uniche per la creazione di una campagna, che ora andremo ad analizzare.

La campagna di Crowdfunding (che è l'insieme di operazioni e di strategie il cui scopo è di poter garantire il successo di un progetto) deve descrivere in maniera dettagliata il proprio progetto/idea, in modo chiaro e trasparente, utilizzando strumenti come video e immagini che arricchiscono i contenuti non solo in termini di informazioni ma anche di supporto visivo.

Attraverso i contenuti della "campagna" non si deve esclusivamente vendere un prodotto, ma ottenere la fiducia dei lettori. Per questo è sempre meglio essere sinceri e chiari nell'esposizione. Il testo deve essere semplice, conciso e intuitivo: servono le informazioni essenziali, senza troppi giri di parole.

È consigliabile partire con un video, che è poi il tratto distintivo della maggior parte dei progetti di Crowdfunding di successo. Esso non è obbligatorio in quasi tutte le piattaforme, ma le statistiche parlano chiaro: una campagna con un video ha il 50% di possibilità di successo, che scende al 30% senza filmato. Il video deve essere piuttosto breve, massimo due/tre minuti, possibilmente di alta qualità. Lo scopo del video è spiegare il progetto: si debutta quindi mostrando l'utilizzo del prodotto, poi una brevissima presentazione degli ideatori e del team, concludendo con un saluto e un ringraziamento. In sostanza un buon video deve essere: veloce, sintetico, brillante e dritto al punto.

Parleremo del video e della sua importanza nei prossimi capitoli.

Gli altri elementi che costituiscono la campagna:

La durata

Anche se alcune piattaforme di Crowdfunding permettono di scegliere la durata della campagna in un lasso di tempo che va dai 30 ai 120 giorni, la maggior parte di esse stabiliscono un massimo di 60 giorni. In linea generale si consiglia una durata più breve, tra i 30 e i 47 giorni, piuttosto che 60 o oltre. La ragione di questo è che non puoi annoiare i tuoi sostenitori con troppe email e post sui social media. Inoltre, un tempo troppo lungo, può (involontariamente) dare l'impressione ai tuoi fan che non credi abbastanza nelle potenzialità del progetto e che non sarai in grado di raccogliere fondi in breve tempo. Con i pochi giorni a disposizione devi creare un senso di urgenza, mandare email e aggiornamenti, e raccogliere consensi e fan che condividano la tua stessa passione per il progetto.

Non cadere nella trappola, comune a tanti, che credono che più tempo resti online più guadagni. Non è così. È una questione di qualità e non di quantità. Se un utente vede che resta poco tempo per poter donare sarà più invogliato a farlo rispetto a uno che vede che mancano ancora due mesi al termine.

Un'eccezione: se il tuo scopo è quello di creare *brand awareness* e hai le risorse economiche e umane per mandare avanti una massiccia forma di marketing ogni giorno, per tutta la durata della campagna, allora puoi approfittare tutto il periodo messo a disposizione della piattaforma.

Le ricompense

Per far si che una persona doni al tuo progetto, essa dovrà selezionare l'ammontare che vuole donarti e la rispettiva ricompensa. È importante quindi saper creare le giuste ricompense sia in termini di scaglioni (da donazioni basse, a medie, fino a quelle alte) e trovare il premio adeguato da dare in cambio.

È consuetudine dare anche una semplice cartolina di ringraziamento, o mandare un'email personalizzata a coloro che scelgono una ricompensa bassa, mentre per le donazioni più sostanziose si può anche arrivare a dare premi più consistenti ed esclusivi.

Nei prossimi capitoli parleremo più nel dettaglio di questo aspetto importante.

L'obiettivo del finanziamento

Un'altra caratteristica della campagna è l'ammontare che si vuole raccogliere. Ci sono diversi fattori ed elementi che bisogna tenere in considerazione quando si stabilisce un obiettivo economico, e non sempre è tutto così immediato e trasparente. Bisognerà capire quali sono i nostri reali costi per la realizzazione del progetto in sé, calcolare i costi effettivi delle ricompense, nonché calcolare le spese della piattaforma e i costi di marketing.

Ci sono inoltre dei motivi tattici secondo cui è consigliabile non chiedere il 100% dell'ammontare che realmente ti serve, ma un po' meno. Vedremo quali sono questi aspetti pratici e tecnici per scegliere il *goal* giusto nei prossimi capitoli.

CAPITOLO 17

LA LANDING PAGE

La Landing Page, la cui traduzione letterale è "pagina di atterraggio", è quella specifica pagina web che un utente visualizza quando clicca su un link. Solitamente si tratta di un'unica pagina, che scorre in verticale, in cui sono contenute tutte le informazioni chiave di quel prodotto/azienda ecc.

Appare quindi chiaro che una landing page efficace deve attirare l'attenzione dell'utente fin da primo impatto; altrimenti si corre il rischio che non continui al leggere le altre informazioni necessarie a far si che "compia un'azione" ossia che lasci i suoi dati di contatto o che provveda all'acquisto del prodotto.

Una landing page efficace deve fare in modo che quanti più navigatori (intesi come utenti unici) arrivino sulla pagina e si trasformino in utenti registranti o paganti.

Nell'ambito del Crowdfunding, la Landing Page è uno strumento che si usa come tattica di marketing pre-lancio. In pratica si crea questo mini-sito, molto semplice, dove si preannuncia il lancio (magari con un "countdown" conto alla rovescia) della campagna per il proprio prodotto, sulla piattaforma di Crowdfunding prescelta.

Si descriverà il progetto, si caricherà il video di presentazione (del prodotto e/o dell'azienda/team) e si chiederà agli utenti di lasciare la propria email per essere informati in seguito sul lancio ufficiale e altre news relative al vostro progetto. È un tool essenziale per poter iniziare a creare la propria community a cui rivolgersi in seguito per chiedere donazioni e/o condivisioni.

Esistono diversi siti (es. LaunchRock o WordPress) che hanno dei template già pronti per essere personalizzati e messi online, quindi ormai avere una landing page non è una cosa impossibile: anche i meno esperti di siti web possono tranquillamente crearne una.

CAPITOLO 18

L'IMPORTANZA DEL VIDEO

Il video è il nostro biglietto da visita: lo scopo è quello di presentarsi in modo efficace e positivo. Fare una buona impressione attraverso questo strumento non è facile, ma spesso è essenziale: il tuo interlocutore non ti conosce e solo tramite il video potrà farsi un'idea della tua persona e delle tue richieste.

Innanzitutto occorre saper distinguere la differenza fra *parlare* e *comunicare*. Comunicare significa trasmettere, in maniera efficace, a terzi il nostro messaggio utilizzando parole, immagini, gesti.

È chiaro, pertanto, che per raggiungere lo scopo non bisogna assolutamente improvvisare un discorso, ma al contrario è indispensabile "comunicare" in maniera adeguata. Cosa significa esattamente? Significa che una volta individuato l'obiettivo da raggiungere occorre concentrarsi su di esso e sviluppare di conseguenza un messaggio adeguato: chiaro, efficace e che ci conduca al raggiungimento dell'obiettivo.

La preparazione del video

Ci sono diverse cose da tenere a mente quando crei il tuo video:

1. Sii divertente ed interessante: se qualcuno decide di cliccare sul tuo video devi dargli qualcosa di importante in

cambio. Non fare un video tanto per farlo, fai in modo che i tuoi sostenitori siano coinvolti e guardino il video fino alla fine.

2. Sii conciso: la prima cosa che le persone vedono di un video è quanto dura. Solitamente un video dura dai 2 ai 3 minuti, quindi assicurati di restare di questa lunghezza.

3. Cambia le angolazioni: solitamente un buon video cambia scatti e immagini ogni 5-10 secondi, per assicurarsi l'attenzione di chi guarda il video.

4. Usa grafici per illustrare i tuoi punti chiave: mostrare i concetti in maniera visiva ha un impatto maggiore sulle persone.

5. Ricorda ai tuoi sostenitori cosa avranno in cambio: parla delle ricompense, di ciò che ti stanno aiutando a realizzare, qual è il problema che ti stanno aiutando a risolvere.

Thomas Metcalf, in "Listening to your clients" disse che i video sono importanti perché le persone ricordano:

il 10% di quello che leggono;
il 20% di quello che sentono;
il 30% di quello che vedono;
il 50% di quello che vedono e sentono.

Quindi un utente che arriva alla tua pagina di Crowdfunding ricorderà di più ciò che dici/mostri nel tuo video, rispetto a quello che potrà leggere.

Abbiamo già accennato nei paragrafi precedenti che una campagna di Crowdfunding dove è presente un video di presentazione ha il 50% in più di probabilità di successo rispetto a una campagna senza video (che scende al 30%) . Quindi, poiché non hai nulla da perdere (se non un po' del tuo tempo), perché non provare a fare un buon video di presentazione e metterlo online?

La competizione è molto alta, quindi è importante riuscire a distinguersi rispetto alle altre campagne e, avere un video, è già il primo passo. Puoi passare un giorno intero a girare un video professionale, o un pomeriggio con i tuoi amici a fare un video col cellulare: non deve essere perfetto, basta che parli di *te*.

CAPITOLO 19

L'IMPORTANZA DELLE RICOMPENSE

Come abbiamo già precedentemente accennato, nelle piattaforme "reward-based" sono previste una serie di ricompense a seconda delle diverse fasce di donazioni.
Esistono di base tre tipologie di sostenitori:

1. I sostenitori casuali: sono quelli che semplicemente amano il vostro progetto e vogliono sostenerlo. In questa fascia rientrano le ricompense di basso valore.
2. I clienti: sono coloro che diventeranno tuoi acquirenti, quindi questa è un'ottima occasione per pre-vendere il tuo prodotto.
3. I seguaci: sono quelli che amano il tuo progetto, lo vogliono sostenere ad ogni costo e sono in prima linea con te per far si che venga diffuso a più non posso. A questo gruppo devono essere dedicate ricompense uniche, ad edizione limitata

È importante che le ricompense, e relative descrizioni, siano scritte bene ed in maniera comprensibile. Assicurati di poter essere in grado di dare davvero le ricompense che prometti, prima di metterle ufficialmente online. Considera bene anche i costi, e le tempistiche.
La domanda chiave da porsi quando si "studiano" le varie ricompense è : *mi piacerebbe ricevere questa ricompensa?*

Offri varie tipologie di ricompense, dall'email di ringraziamento con la donazione da €1, a esperienze uniche con donazioni da €1000. Usa parole come "Edizione Limitata" o "Esclusivo" per invogliare il sostenitore, sia emotivamente che praticamente.

È chiaro che l'entità della ricompensa è proporzionale al contributo. Occorre quindi prevedere un piano di ricompense con diversi scaglioni a seconda dei livelli di donazione. I sostenitori supportano un progetto ricevendo in cambio un compenso sotto varie forme: una cena con il promotore del progetto, un gadget, un prototipo del prodotto, il servizio oggetto del progetto e molto altro ancora. Più la ricompensa sarà originale, emotiva e coinvolgente per le persone a cui ci si rivolge, più sarà facile attrarre una "folla" di donatori! Più donatori riuscirai ad attrarre e più riuscirai a farli sentire parte attiva del progetto, più possibilità avrai di raggiungere l'obiettivo che ti sei prefissato. Una volta stabilite le "giuste ricompense" occorre stabilire anche i tempi e i modi con cui esse verranno corrisposte ai "finanziatori". Essere sinceri, corretti e professionali premia sempre.

Ricordati però che lo scopo primario della tua raccolta fondi è riuscire ad avere i soldi per realizzare il tuo progetto, quindi cerca di non usare tutti i soldi raccolti per la creazione/invio delle ricompense... altrimenti alla fine non hai concluso nulla. Se stai raccogliendo soldi per un libro, non dare il libro in sé come ricompensa a chi ti dona €10 solo perché quello è il prezzo giusto per un libro. La gente non sta comprando il libro, sta donando ad una causa – che è diverso. Se a te stampare il libro e poi inviarlo costa, ad esempio, €7, capisci che un "guadagno" di €3 non porterà al successo del progetto. Inoltre questi €3 non sono nemmeno netti, perché devi togliere la percentuale della piattaforma e dei costi di transazione... insomma, non ti rimane nulla. Quindi stai attento quando crei le tue ricompense e i relativi scaglioni.

Il mio consiglio è quello di creare ricompense in cui, almeno fino alle fasce €30-50 non hai costi effettivi, o per lo meno (se proprio non ci riesci) fai si che questi costi non superino il 5-7% della cifra donata. È possibile, con un po' di ingegno e fantasia, creare ricompense allettanti e divertenti, senza per forza avere un costo materiale.

Per cifre più consistenti allora va bene dare un gadget fisico, dove si prevede magari anche l'invio del prodotto: ricordati che molti fanno pagare le spese di spedizione a parte (oltre la donazione), e prevedono due costi di spedizione diversi se l'invio è "nazionale" o "internazionale".

CAPITOLO 20

L'OBIETTIVO ECONOMICO

Come decidere qual è il tuo *funding goal*?

Questa è una domanda molto importante che devi porti, e non va sottovalutata. Con un obiettivo troppo alto rischi di perdere mesi di duro lavoro senza ottenere il risultato sognato, specialmente se opti per il metodo "all-or-nothing". Dall'altra parte, un goal troppo basso o non definito in maniera corretta può causarti spese extra ed impreviste. Prima di definire l'obiettivo economico finale, ecco tre raccomandazioni.

1. Inizia col definire quali sono i costi reali e concreti del progetto e delle ricompense (spese di spedizione incluso),
2. Prevedi un budget più alto di quanto pensi,
3. Scegli un funding goal più basso di ciò che ti serve.

DEFINIRE L'OBIETTIVO ECONOMICO

Inizia col definire quali sono i costi reali e concreti del progetto e delle ricompense. Siamo onesti: a nessuno piace perdere tempo dietro a numeri e contabilità. Ma quando inizi un nuovo business, questo aspetto è inevitabile, se non vuoi rischiare di fallire prima ancora di iniziare. Se ci mettessimo a fare un sondaggio tra tutti i progettisti di campagne di Crowdfunding attive, scopriremo che molti, forse la maggior parte, ignorano l'importanza di questi conteggi. Quindi iniziamo con alcune basi di contabilità.

Partiamo con i costi reali della tua campagna:

- I costi fissi del tuo progetto: cioè i costi strettamente correlati alla produzione (incluso la creazione del sito web, o l'affitto di un negozio, ecc);
- I costi delle ricompense;
- I costi di realizzazione e spedizione delle ricompense. Ciò include buste, pacchi, costi di spedizione internazionale e/o nazionale;
- I costi di marketing. Che comprende: campaign ads, distribuzione comunicato stampa e promozione dell'evento;
- I costi della piattaforma. Questo aspetto può raggiungere anche un buon 10% del totale raccolto, tenuto conto anche delle *fees* delle transazioni. Ovviamente qui dovrai studiare bene i vari costi legati alla piattaforma a cui ti stai affidando, tenendo conto anche del metodo di raccolti fondi che hai preferito. Alcune hanno anche dei costi per l'accredito dei fondi tramite bonifico bancario (che può arrivare anche a $46). In definitiva i costi di una piattaforma che occorre tenere in considerazione per poter determinare correttamente il valore di una campagna di Crowdfunding sono:
  1. I costi della piattaforma
  2. I costi legati ai pagamenti (es. carte di credito) e agli accrediti
  3. Tasse
- I costi professionali. Se avete intenzione di fare un video professionale, fare un comunicato stampa a pagamento o affidarvi a un consulente di crowdfunding dovrete calcolare anche queste spese extra.

Una volta fatti i calcoli, è meglio aggiungere un buon 20% per le evenienze. Molte campagne finiscono con l'avere più costi a causa di problemi di produzione o ritardi di qualsiasi natura, quindi meglio prevenire.

Quindi → COSTI TOTALI = COSTI DI BASE + 20% in caso si sfori.

Utilizza un file excel o simile per fare una lista di questi costi e fai una previsione circa le tue aspettative, anche in termini di ricompense previste e relative spese.

<u>Prevedi un budget più alto di quanto pensi</u>

Un progetto ben finanziato è un progetto che supera il suo funding goal, ma soldi in più significano anche più costi per via di ritardi non previsti, costi di spedizione non programmati ecc. Quindi, quando sei in dubbio, prevedi un budget più alto rispetto a ciò che, sulla carta, hai stimato.

<u>Scegli un funding goal più basso di ciò che ti serve</u>

Ti suona illogico? Dopo quello che abbiamo detto nei due punti precedenti probabilmente ti aspettavi di dover semplicemente dire ai tuoi sostenitori quando ti servisse davvero e impostare il tuo funding goal. Ma non è così. Il segreto di molte campagne di Crowdfunding è di impostare il loro obiettivo economico all'80% di quello che realmente serve. Ciò significa che se ti servono €100.000, ne devi chiedere €80.000

Capiamo perché.

Ci sono due motivi per cui questa cosa ha senso.

1. I sostenitori vogliono vedere il progresso e l'avanzamento della barra verde, nella pagina di Crowdfunding. Se hai un goal

basso, la barra sembrerà muoversi più velocemente e il progresso sarà più evidente. Se hai un goal alto, mostrerai un progresso più lento e l'entusiasmo dei sostenitori si spegne, perché pensano che quindi l'obiettivo sarà difficile da raggiungere.

2. Il potere della prova sociale. Un funding goal più basso significa che sarà più facile raggiungere l'obiettivo. E, quando una campagna raggiunge il suo obiettivo molto prima della scadenza, le persone sapranno già che è un progetto credibile e quindi saranno meno restii e spaventati nel donare. Questo perché altri prima di loro hanno validato la tua idea donandoti dei soldi. Momemtum genera Momentum. Pensa che questo può addirittura permetterti di superare il tuo budget "goal".

CAPITOLO 21

IL PITCH

Il termine inglese "pitch" è usato per definire gli argomenti più salienti ed importanti che devi indirizzare attraverso gli strumenti a tua disposizione come il video o il testo descrittivo.

Entrambi questi strumenti ti aiutano a vendere la tua campagna, ma in modi differenti. La maggior parte delle persone preferisce ascoltare e vedere un video piuttosto che leggere un lungo testo informativo, questo perché sono *visual learners* quindi un video fatto bene sarà la chiave per catturare il loro interesse nel tuo progetto.

Il testo descrittivo (written pitch) invece si sviluppa sul video pitch per aiutarti a vendere. Pensalo come uno strumento di marketing collaterale di supporto che espande e rinforza il tuo pitch primario (il video). Dopo che un utente ha visto il video, potra' continuare a leggere per avere più dettagli e materiale informativo a supporto di ciò che ha appena visto ed ascoltato – che lo convinca finalmente a donare.

Il written pitch è anche importante perché devi tenere in considerazione anche quelle persone che invece il video non lo vogliono vedere, persone impegnate che non hanno il tempo per cliccare e ascoltarti per 3 minuti. Magari invece preferiscono leggere e navigare la pagina sui loro smartphone.

FOCALIZZATI SUL PROBLEMA

I pitch fatti bene hanno una cosa in comune: si focalizzano tutti sul problema che vuoi risolvere. Devi passare i primi secondi a catturare l'attenzione dei tuoi visitatori e il resto del tempo a superare le contestazioni che potrebbero bloccare un utente ad effettuare una donazione. Più complicato e costoso è il tuo progetto, più lungo e convincente dovrà essere il tuo pitch. In questa parte del testo/video dovrai anche includere il tuo *product message,* quindi spiegare qual è il tuo scopo primario e ciò che intendi fare.

Il tuo scopo finale è quello di avere persone che dopo aver visto il tuo video e/o letto il tuo testo descrittivo pensano "Caspita, questa persona mi ha letto nel pensiero!". Se riesci ad individuare il loro problema, e dargli una soluzione, hai vinto!

COSA INCLUDERE NEL PITCH

Le cose essenziali

- Cos'è il prodotto,
- Qual è la storia dietro al prodotto e come è nata l'idea,
- I benefici principali del tuo prodotto,
- Foto e grafici,
- Social proof (comunicati stampa, articoli, testimonianze...)
- Caratteristiche del tuo prodotto,
- I prezzi delle tue ricompense,
- Chi è il tuo team,
- Per cosa userai i fondi,
- Rischi e sfide,
- FAQ.

Elementi opzionali:

- Eventuali collaborazioni con altri partner
- Ulteriori video di dimostrazione del prodotto
- Cosa farai con i fondi raccolti se eccedi l'obiettivo di raccolta fondi (*stretch goals*)
- News

I PRINCIPI DA SEGUIRE

Ci sono una serie di principi da seguire per creare un pitch di successo. Esso si basa su un modello di marketing chiamato AIDA, un acronimo che descrive una lista di eventi che accomuna una pubblicità efficace:

- Attenzione
- Interesse
- Desiderio
- Azione

Attenzione

Catturare l'attenzione degli spettatori/utenti è il primo step. Devi quindi capire come rendere la tua pagina della campagna interessante. Questo puoi farlo tramite l'inserimento di video, foto e grafiche di alta qualità, e ottimi titoli e sottotitoli che catturano l'attenzione. Un'ottima tattica è quella di alternare testo descrittivo a immagini e grafici così che il tuo lettore non si annoi mai.

Interesse

In questa fase dovrai aumentare l'interesse del tuo audience focalizzando e mostrando i benefici e vantaggi del tuo prodotto. Questo è il momento in cui comunichi ai tuoi potenziali donatori come potranno trarre vantaggio finanziando la tua campagna.

Desiderio

Una volta che hai catturato l'attenzione del tuo pubblico, devi far scaturire in loro il forte desiderio di volere il tuo prodotto, e di vederlo realizzato, perchè soddisferà i loro bisogni. Ma prima che facciano alcuna donazione dovrai essere in grado di superare qualsiasi obiezione che potrebbero avere. La seguente tabella indica alcune cause di obiezioni e come si risolvono.

Obiezione	Elemento della campagna che risolve l'obiezione
"Non sono sicuro se altre persone trovino questo progetto valido"	Social proof (notizie sul web, testimonianze); Barra di raccolta fondi
"Ottima idea, ma chi sono queste persone?"	Chi è il tuo team
"Il prodotto è costoso?"	Prezzo delle varie ricompense
"Cosa accade dopo che dono al tuo progetto?"	Per cosa userai i fondi raccolti
"È prevista la spedizione internazionale?"	FAQ
"Per cosa cosa posso usare questo prodotto?"	Video di dimostrazione

Azione

Infine, quando un utente ha deciso che ha bisogno del tuo prodotto dovrai dirgli cosa fare di concreto, che sia donare o condividere sui social network. Sia nel writing pitch che nel video spiega ai tuoi fan come possono fare per aiutarti concretamente: selezionare la ricompensa/donazione che vogliono e spargere la voce!

CAPITOLO 22

PRONTI PER IL LANCIO

Ora che vi siete preparati per la campagna perfetta, è giunto il momento di ufficializzare il tutto cliccando su "Pubblica il Progetto". Tutto quello a cui avete lavorato nelle ultime settimane si concretizza con questo passo importante. Avviare per la prima volta una campagna può scaturire emozioni contrastanti. Da una parte non vedi l'ora di iniziare a ricevere donazioni, dall'altra non puoi evitare di pensare che magari non riceverai alcuna donazione o che magari non raggiungerai l'obiettivo finale. Ma essere nervosi e ansiosi non ti aiuterà. L'unica cosa che devi fare è essere fiducioso, e seguire tutti gli step giusti che elencheremo in questa sezione. Puoi fare il massimo con gli strumenti che hai a disposizione, controllare ciò su cui hai potere. Il resto viene da sé.

Il lancio segue tre fasi:

1. Indirizza le persone alla pagina: porta le persone a visualizzare la tua campagna e a donare.
2. Mantieni i tuoi sostenitori felici: ottenere le donazioni è solo il primo step. Devi mantenere una relazione con i tuoi fans.
3. Supera il "periodo nero": la depressione di metà-

campagna. È un classico. Le donazioni iniziano pian piano a crollare verso metà campagna, fino a fermarsi. La notizia buona è che c'è un modo per uscirne.

Ora vediamo come fare a superare ogni fase.

INDIRIZZA LE PERSONE ALLE TUA PAGINA

Prima di iniziare a raccogliere fondi è preferibile che tu stesso, in primis, contribuisca alla tua campagna: **fai tu stesso una donazione per il tuo progetto**. In Inglese c'è un termine per questo: "DogFooding" che si riferisce alla pratica di utilizzare/provare i propri prodotti su sé stesso prima di venderli al pubblico. È un ottimo modo per dimostrare in maniera efficace che tu credi realmente nel tuo progetto. Se hai un team che lavora insieme a te al progetto, fai donare anche loro. Non solo si vedrà il pieno coinvolgimento del team, ma nel momento in cui i primi utenti arriveranno alla tua pagina, vedranno già che in poche ore sono stati raccolti dei soldi!

Ora, il secondo step sarà quello di **inviare un'email personalizzata** ai tuoi parenti ed amici chiedendo di contribuire alla tua campagna... un'email che meriti i loro soldi! Il giorno del lancio identifica circa 20-30 persone tra familiari e amici a te più vicini e che ti conoscono bene, e manda loro un'email o un messaggio chiedendo di aiutarti a far decollare la tua campagna. Non mandare email o messaggi dal testo generico, perché così non rafforzerai la relazione con ogni singola persona. un'email alla zia, che inizia con "Ciao Zia Maura" avrà più effetto rispetto a un "Cara famiglia".

Ecco come dovrebbe essere l'email in questione:

"Cara Zia Maura,

Come state tuo e lo zio?

Ti ricordi quel progetto [nome progetto] di cui ti ho parlato spesso (o che ti ho accennato settimana scorsa a cena)?.

Be' è ufficialmente pronto! Oggi siamo partiti con il lancio ufficiale e mi chiedevo se tu e lo zio potevate darmi una mano a realizzarlo tramite una piccola donazione. Ecco il link al sito web [inserire sito web].

Ti ringrazio infinitamente per il tuo supporto, non vedo l'ora di rivedervi!

Con affetto,
[nome]"

Vedi? Nulla di complicato né lungo. Bastano quattro righe semplici e dritte al punto, ma personalizzate. È statisticamente provato che un messaggio diretto ha più effetto rispetto a uno generico, perché le persone tendono a fare quello che gli viene chiesto solo se domandato individualmente, e non in gruppo. Tutti pensano che qualcun altro farà il primo passo (o la prima donazione, in questo caso) e alla fine nessuno si muove. Quindi se metti in copia Zia Maura insieme a tutti gli altri parenti, molto probabilmente non farà nulla.

Altro aspetto importante: **annuncia l'avvio della campagna** sui tuoi canali social. Questo è il momento per essere sfacciato e condividere il link della tua campagna attivamente, in lungo e in largo. Devi annunciare il lancio della tua raccolta fondi tramite tutti i social media che usi quotidianamente. Tuttavia, ricordati che avere 10000 followers non significa automaticamente avere dei sostenitori (paganti, s'intende). Il segreto non è tanto nei numeri ma nel modo in cui coinvolgi i tuoi amici/seguaci per far si che donino al tuo progetto. Su Twitter, 100 followers coinvolti sono molto meglio di 10000 fans con i quali non hai un "rapporto". Se non hai ancora una folla di fans attivi e coinvolti, puoi sempre iniziare a creartene una...ma non dimenticare che una community impiega tempo ed energie a formarsi e a crescere; non accade dal giorno alla notte. Dovrai, per tutto il periodo della campagna attiva, condividere quotidianamente i vari contenuti (video, annunci, consigli utili ecc) per far si che i tuoi account social crescano e abbiano il giusto audience. Se pensi di non aver tempo per gestire questo aspetto della comunicazione online, ti consiglio di affidarti a un esperto social media manager che possa farlo al posto tuo.

Nella mia esperienza, i social media network sono lo strumento migliore per spargere la voce rapidamente: se ti puoi permettere un po' di Facebook Ads, fallo. È un metodo veloce ed efficace per far conoscere la tua campagna.

Ma attenzione: non focalizzarti solo su Facebook e Twitter come primaria fonte di conversioni in donazioni. Le persone navigano sui social media principalmente per restare in contatto con amici e parenti, non per vedere gli annunci pubblicitari! Quindi aspettati un tasso di conversione basso.

Nel prossimo capitolo parleremo, nel dettaglio, dell'importanza dei social media.

Altra cosa da fare è annunciare la tua campagna sui vari **forum/gruppi di discussione** a cui sei iscritto. Teoricamente sarebbe ottimale che tu partecipassi attivamente a questi gruppi già prima di lanciare la tua campagna, così quando arriva il giorno dell'annuncio avrai sicuramente gente che ti conosce pronta a saperne di più sul tuo progetto. Il trucco sta nel contribuire con qualche contenuto valido nei forum, per aumentare la tua credibilità. E poi in seguito condividere il link alla tua campagna. Molti forum ti permetteranno di condividere il link, basta che non ti metti a fare spam!

Informa **giornalisti e blogger** del lancio della tua campagna. Manda loro un'email informandoli dell'avvio della raccolta fondi, inserendo il link alla piattaforma e ricordandogli brevemente di cosa tratta il tuo progetto. Annuncia il lancio anche alla **tua email list.** Fino ad ora hai creato la tua mailing list di iscritti e li hai tenuti aggiornati circa i progressi "pre-lancio", rendendoli probabilmente impazienti. È quindi giunto il momento di informarli del lancio!

Suscitare esaltazione e anticipazione nei tuoi iscritti sul lancio della campagna è un arte. Poco tempo prima del lancio in sé assicurati di aver pianificato ed organizzato una serie di email che informeranno i tuoi iscritti circa la data esatta in cui la raccolta fondi andrà online, così che anche loro avranno tempo per prepararsi. Non "cogliere di sorpresa" i tuoi futuri sostenitori con un unica email il giorno del lancio. Voglio dire, quante volte tu hai comprato un prodotto subito dopo averne sentito parlare una volta sola?

Accertati di includere delle ricompense particolari e personalizzate esclusivamente per i tuoi iscritti, così che saranno ancora più motivati a sostenerti. Ad esempio puoi offrire loro un prodotto early-bid in edizione limitata, o una ricompensa aggiuntiva solo per loro.

MANTIENI I TUOI SOSTENITORI FELICI

La prima cosa da fare in questo step è mandare **un'email di ringraziamento** a ogni singolo sostenitore e ricorda loro il link alla tua campagna, così che possano condividerlo con i loro amici. Sin dal primo giorno i tuoi sostenitori dovranno sentirsi presi in considerazione sia da te che dal tuo team, e sapere che siete sempre presenti e attivi. Quindi non dimenticarti di ringraziare i tuoi primissimi sostenitori.

Inoltre, è importante mandare **aggiornamenti sui progressi** della campagna ogni fine settimana. Aggiornamenti frequenti e trasparenza sull'andamento del progetto sono fondamentali: se non lo fai rischi di ricevere commenti "negativi" e "irritati" da parte di sostenitori che potrebbero anche richiedere un rimborso. "Silenzio radio" per più di una settimana non è ammissibile. Dall'altra parte più di due updates alla settimana sono troppi, perché rischi di "stufare" e "annoiare" i tuoi donatori.

Ma cosa includere negli aggiornamenti settimanali? La prima settimana puoi provare a rispondere alle FAQ più frequenti che possono avere avuto i tuoi sostenitori. Se stai promuovendo un prodotto nuovo e innovativo è probabile che molte persone vogliano chiarimenti e delucidazioni su alcuni aspetti che magari non hai spiegato bene o a sufficienza. Nelle settimane successive manda updates sulle questioni tecniche o pratiche, come la produzione o le spedizioni, annuncia il raggiungimento del goal o l'aggiunta di altre ricompense. Non dimenticarti di condividere con i tuoi sostenitori anche l'aspetto più "umano" della tua campagna: manda anche aggiornamenti video di te e del tuo team al lavoro o mentre vi divertite!

Tieni sempre d'occhio la sezione "commenti" della tua pagina. Questo lo devi fare sempre, a qualsiasi ora del giorno e della notte, perché non puoi permetterti che anche un solo giudizio negativo o non costruttivo appaia nella sezione commenti, facendo si che scaturisca in reclami o addirittura in rimborsi. Più il tuo progetto avanza, più ti ritroverai a rispondere a commenti, email di supporto clienti e domande per questioni logistiche e PR. Questa fase può risultare intensa e stancante, e diventare il tuo focus primario tutto il giorno... oltre a dover pensare a tutte le altre cose essenziali che ci sono da fare.

Il consiglio è di fare a turni con le altre persone del team per monitorare sempre i messaggi (privati e pubblici), o affidare l'aspetto supporto clienti a qualcuno specializzato.

SUPERA IL PERIODO NERO:

LA DEPRESSIONE DI METÀ CAMPAGNA

Ci saranno momenti, generalmente verso la metà campagna, in cui ti verrà voglia di mollare tutto. Questo perché capita spesso di raggiungere un momento critico che io chiamo "il periodo nero", ossia quel momento in cui sembra che le donazioni si siano fermate e noi restiamo fermi. Questo inizia a succedere verso il 10°-15° giorno dall'avvio, dove in pratica le donazioni calano fino a smettere del tutto.

La maggior parte delle piattaforme di Crowdfunding non ti permettono di chiudere/cancellare la campagna prima del termine ufficiale, quindi ti ritroverai a gettare la spugna lentamente. Alcuni sintomi di questa "depressione" sono:

- Non promuovi più la tua campagna attivamente
- Analysis Paralysis: passi più tempo a verificare le metriche della tua campagna piuttosto che cercare di fare andare avanti il tuo progetto
- Perdi tempo inutilmente piuttosto che aggiornare i tuoi sostenitori
- Non controlli più la sezione commenti
- Non rispondi più ai messaggi dei clienti

Ma quando arrivi a questo punto, ti devi rialzare. Tutti quei giorni trascorsi a leggere, fare ricerche, preparare la tua campagna non erano focalizzati per il lancio, ma erano in preparazione di questi momenti. Per il momento in cui dici "Ora mollo tutto". Tutti quegli articoli online sul Crowdfunding che ti sei salvato, i libri e le guide che hai acquistato o scaricato gratuitamente, sono tutti per questo momento: per superare il periodo nero. Devi indirizzare tutte le tue energie, la tua creatività e il tuo coraggio per non arrenderti e far si che il tuo progetto vada in porto.

- Quando pensi di voler smettere, devi cercare nuovi metodi di promuovere la tua campagna;
- Quando pensi di voler smettere, devi lasciar perdere le metriche e devi focalizzarti sulle attività che contano realmente;
- Quando pensi di voler smettere, ti imponi di inviare

quell'aggiornamento settimanale ai tuoi sostenitori (anche quando non sai da che parte iniziare!);

- Quando pensi di voler smettere, tu continui a monitorare la sezione commenti;
- Quando pensi di voler smettere, tu rispondi alle email del supporto clienti anche se significa stare sveglio fino a tarda notte.

In pratica, non arrenderti.

CAPITOLO 23

I SOCIAL MEDIA

LA COMMUNITY

Per Community si intende un insieme di persone che hanno in comune un medesimo interesse.

Le Community sono importanti in ogni settore ma assumono una rilevanza strategica nel Crowdfunding in quanto, come sappiamo, esso si basa sul concetto di "aiuto dalla folla". Se lanci la tua campagna su una piattaforma di Crowdfunding, è probabile – ma non scontato – che vi sia già una community che è in generale interessata al Crowdfunding, persone che guardano alle nuove idee altrui, alla ricerca di stimoli innovativi. Tanto più se utilizzi una piattaforma verticale, cioè settoriale – come nel caso di Upspringer che si occupa di Crowdfunding solo per il mondo dell'editoria – è alquanto probabile che su quella piattaforma ci sia un interesse ancora più specialistico e individuato, perciò un pubblico molto più disposto a donare per il tuo progetto.

Se stai pensando di basarti principalmente sulla gente che conosci, sbagli. Per quanto tu possa essere popolare o famoso, non è certo a loro – o almeno, non soltanto – a cui puoi affidarti. Normalmente, nelle campagne di Crowdfunding, è solo il 30% delle donazioni a provenire da amici, familiari e parenti. Il resto, la grossa parte del tutto, la fanno persone che non conosci e probabilmente non conoscerai mai, ma che sono attratte dalla tua idea, credono che abbia dei risvolti positivi, sono stati convinti dalla tua capacità di immaginare il futuro e dalla tua grinta positiva e perciò hanno deciso di investire parte dei loro soldi nella tua campagna.

Perciò è importante pensare chi può entrare a far parte del progetto, chi può esserne affascinato, chi può parlare per te, donare e spingere altri a farlo. Occorre raccontare la propria storia: raccontare chi si è, quali sono le motivazioni per cui si è deciso di lanciare la campagna di Crowdfunding, com'è nata l'idea base, come si pensa di portar avanti il progetto.

Senza una community non si va molto lontano. E la community la trovi (quasi) interamente online. Per riuscire ad avere una campagna di Crowdfunding di successo, l'uso dei social media è cruciale.

Un consiglio: cercate di capire quali sono i social che più si adattano alla vostra campagna e al vostro audience, così da potervi focalizzare su quelli che servono realmente. Non serve essere presenti su 10 canali se poi non li riuscite a seguire; come al solito è sempre una questione di qualità piuttosto che quantità.

Come scegliere i canali social per la tua campagna.

Poniti queste domande:

1.   Su quale social hai più followers/amici?
2.   Dove ottieni maggiori condivisioni e risultati?
3.   Quali persone hanno la maggior influenza nella tua community?
4.   Con quale piattaforma ti trovi più a tuo agio?

La maggior parte della campagne hanno l'audience giusto su Facebook e Twitter, perché raggiungono molte persone e creano interazione. Ma dipende anche da quali social tu usi maggiormente e su quali social la tua community è più attiva. Instagram sta diventando sempre più popolare, mentre LinkedIn è perfetto se hai un target professionale.

SOCIAL MEDIA vs SOCIAL NETWORK

Innanzitutto premettiamo che la differenza tra Social Media e Social Network è molto sottile, infatti:

I **Social Media**, in italiano media sociali, non sono altro che un insieme di applicazioni on line che permettono agli utenti di creare e scambiare fra di loro contenuti: testi, articoli, post, commenti, video ecc. Tramite questi strumenti è possibile sponsorizzare un proprio prodotto o la propria azienda.
I social media vengono definiti anche user-generated content (UGC) o consumer-generated media (CGM), significa che i contenuti presenti su questi social media sono creati/generati dagli utenti-consumatori.
Alcuni esempi pratici: blog, forum internet, podcast, email.

I **Social Network**, in italiano rete sociale, *sono gruppi di persone che non necessariamente si conoscono ma sono legati per una determinata causa.*
I principali social network sono: Facebook, MySpace, Instagram, Twitter, Google+, LinkedIn, Pinterest, e altri. Tra quelli più usati al mondo spiccano Facebook e Twitter. Sui social network vincono due cose: la semplicità e la creatività.
Tanto più il messaggio è chiaro, tanto più facile è capirlo e condividerlo, specialmente se c'è un briciolo di interesse nei confronti del tema o del settore nel quale ti inserisci – uno dei mantra dei social network è essere brevi, perché le fotografie e immagini o i post composti da cinque parole sono quelli statisticamente più ri-condivisi e apprezzati. Ma, dato che non esistono leggi insindacabili in questo settore, il consiglio è di essere il più possibile veritieri, giocare con la creatività e disponibili al confronto: è assolutamente vietato cancellare post in cui si viene attaccati o ignorare le critiche. È più vantaggioso comunicare sempre, in modo il più efficace e semplice possibile, rispondere educatamente a chi pone questioni fuori luogo, chiedendo scusa quando alcune informazioni sono risultate arzigogolate o poco chiare, e non spazientirsi: spesso

bisognerà ripetere le stesse cose e spiegare gli stessi passaggi (ad esempio, come effettuare una donazione sulla piattaforma o perché è necessario iscriversi) e l'unico modo per sopravvivere a questa routine di parole è cercare diversi modi originali per esprimere gli stessi concetti. Insomma, *keep calm and go on*.

Spesso sui social nascono i tormentoni (vedi il *keep calm* succitato), per un periodo sono andati di moda i "meme", ogni tot di tempo nascono tendenze e usi comuni. Sfruttarli a proprio vantaggio è utile e aiuta ad aumentare il numero di persone che si vogliono raggiungere, perciò il consiglio è quello di cercare di essere il più aggiornati possibile: state sempre sul pezzo. Per usare i social network correttamente ci vuole un po' di tempo e un po' di studio: è consigliabile rivolgersi a un professionista oppure cercare di diventarlo. Esistono anche diversi strumenti per usare più social contemporaneamente che sono gratuiti o low cost: Hootsuite, Evernote, Nutshellmail, Buffer, Feedly sono alcuni tra i più noti e semplici da usare.

La spontaneità può essere la chiave per trovare l'originalità di post e concorsi; aver bene in mente ciò che sta dietro la propria campagna – perché la si fa, qual è lo scopo ultimo e cosa, a livello di valori e idee, la muove – è il punto fermo da cui partire per dosare e miscelare i giusti concetti per la propria comunicazione sui social network.

In generale i social network sono dei moltiplicatori di messaggi, espandono i contenuti permettendo che viaggino lontano, propagandoli su vie privilegiate e più facilmente raggiungibili oltre i vasti meandri di internet, scovando gli interessati e i giusti destinatari.

I social servono per velocizzare i processi di passaparola. Per raggiungere la folla (*the crowd*) bisogna cercare di far diventare il proprio messaggio virale. Che significa virale? Significa che il proprio messaggio è in grado di replicarsi quando entra in contatto con qualcuno: ricorda il meccanismo del raffreddore o dell'influenza, è questo il motivo per cui si usa il termine virale per alcuni contenuti internet, come i video o certe immagini, perché proprio come un virus "infettano" i destinatari, che lo riproducono e rilanciano ai loro contatti, ognuno secondo il proprio personale stile.

Prima di prendere in considerazione il lancio di un progetto è necessario costruire la propria community e "stanarla" sui social network. Bisogna quindi domandarsi: "Quale tipo di social usano le persone che potrebbero essere interessate alla mia idea da finanziare? Facebook, LinkedIn, Twitter, Instagram, Pinterest, Google+...?" e ragionare nei termini di quel social network, elaborando una strategia ad hoc. Eh si, perché ogni social ha una sua grammatica e per usarli correttamente bisogna saperla interpretare.

Ottenere donazioni tramite un social network non è facile come postare un selfie o ri-twittare un post di un famoso attore. Una campagna di Crowdfunding richiede pianificazione, dedizione e determinazione... anche attraverso i social. L'utilizzo dei social media deve essere pianificato settimane prima del lancio della campagna. Avere almeno i profili Facebook, Twitter e LinkedIn attivi è fondamentale, ma ottenere followers prima del lancio è ancora più imperativo. Una campagna di Crowdfunding resta attiva di media dai 30 ai 60 giorni, quindi c'è troppo poco tempo per credere di poter costruirsi una community durante questo periodo: bisogna per forza inziare settimane, se non mesi, prima del lancio.

È importante pianificare la *social media strategy* nei dettagli, creando già i vari post che si andranno man mano a pubblicare sui social, e creare un *planning* per la pubblicazione. I sostenitori chiave, come amici e parenti, che già sapete vi sosterranno (sia economicamente che per la pubblicità) possono contribuire alla vostra social media strategy: preparate dei post ad hoc anche per loro, da pubblicare sui rispettivi profili privati, e dategli una "schedule". Organizzare tutte queste cosa in anticipo vi permetterà di avere più tempo per pensare alle cose fondamentali che dovete fare durante la campagna (es. Parlare con i giornalisti, interagire con i sostenitori ecc).

Ecco di seguito una serie di consigli da attuare per i più importanti social network.

BLOG

Nato come una specie di "diario personale" online, nel 2004 è divenuto uno degli strumenti di comunicazione più diffuso su internet. Alcuni anni fa si era pensato che, in seguito all'arrivo dei Social Network, il blog avesse perso di importanza. In realtà, un recente studio, ad opera di HubSpot, ha dimostrato invece che il blog non solo è nuovamente in risalita ma ha una importanza fondamentale nella costruzione di una strategia di comunicazione. È un mezzo importante anche per il Crowdfunding dove è possibile ottenere molti benefici se utilizzato nella maniera adeguata.

Bisogna, innanzi tutto, fare in modo che il blog sia il più possibile aggiornato e attivo, perciò è indispensabile scrivere uno o due post a settimana. Sarebbe utile coinvolgere giornalisti e altri blogger a partecipare al tuo blog inserendo propri articoli. Studia quindi un piano editoriale per aggiornare il tuo blog, rispettando le scadenze, guardando in parallelo gli sviluppi della tua campagna di Crowdfunding e gli eventi correlati, giocando su parole, termini e concetti che sono affini al proprio progetto e sono utili a rinforzare il tuo messaggio.

Nel blog devi offrire contenuti accessibili a tutti – anche a chi non fa parte della community – di carattere generale e, alternativamente, devi inserire quei contenuti specialistici, interessanti solo per chi è parte integrante della community, per rafforzarne lo spirito.
Il blog ti offre contenuti da riutilizzare sui social network, ma anche per questi post c'è da studiare una strategia apposita a seconda del social adoperato per la diffusione.

FORUM INTERNET

Per Forum si intendono quei luoghi online dove i visitatori discutono tra loro su argomenti specifici o generici. In un forum dedicato, ad esempio, ad un determinato videogioco, si può inviare un messaggio che può consistere in una semplice considerazione (è bello, è brutto) o in una richiesta di aiuto

(come faccio a superare un ostacolo che mi impedisce di passare alla fase successiva del gioco?)

Gli altri navigatori che frequentano il forum lo leggono, e se hanno tempo e voglia, possono rispondere, comunicando le informazioni che cerco o esprimendo il loro parere rispetto alle cose che ho detto. A differenza delle chat, dove gli scambi avvengono in tempo reale e solo tra quelli collegati in quel momento, ciò che viene scritto nei forum resta registrato, a disposizione dei futuri visitatori.

I newsgroup (o gruppi di discussione) sono sostanzialmente dei forum, ma mentre ai forum si arriva via web, i newsgroup richiedono programmi dedicati. Inoltre, mentre i forum nel web sono sparsi qua e là, i newsgroup sono tutti raggruppati in elenco. Quando si apre il programma per collegarsi, si riceve una lista di alcune decine di migliaia di questi gruppi di discussione, e si scelgono quelli cui si intende partecipare.

Per coloro che avviano una campagna di Crowdfunding i forum possono essere molto utili, se utilizzati adeguatamente. Bisogna prima di tutto individuare quei forum adatti al nostro prodotto, quindi capire qual è il forum dove posso avere più chance di trovare il mio target giusto. Dopo averlo individuato, ci sono due step da seguire: interagire con gli altri utenti rispondendo alle loro domande/dubbi, creandosi quindi un "nome" all'interno del forum, apparendo come persona di fiducia che segue e collabora ai vari post in maniera corretta ed utile, e in seguito informando gli utenti del forum circa l'avvio della campagna e iniziando un gruppo di discussione in merito.

REDDIT.COM

Reddit.com è divenuto in breve tempo una vera e propria comunità online dove gli utenti danno il proprio parere sui contenuti del sito decidendo, attraverso il voto, ciò che è buono e ciò che è spazzatura.

Come funziona Reddit:

Gli utenti iscritti chiamati "redditor" votano sull'importanza delle storie e delle discussioni. Le migliori storie raggiungono la vetta, mentre le altre rimangono relegate al fondo. I commenti possono essere pubblicati in ogni argomento. Chiunque può creare una community (chiamata "subreddit"). Ogni subreddit è indipendente e moderato da un team di volontari. Secondo le ultime statistiche, aggiornate al luglio 2015, reddit ha avuto, solo nell'ultimo mese, 163.966.958 visitatori unici provenienti da più di 212 paesi che hanno visualizzato un totale di 7.086.828.967 pagine.

Tramite Reddit puoi creare un community per il tuo progetto, e interagire con gli altri "redditors".

INSTAGRAM

Instagram è un'applicazione gratuita che permette agli utenti di scattare foto, applicare filtri, e condividerle su numerosi servizi di social network, compresi Facebook, Foursquare, Tumblr, Flickr, e Posterous.

È considerato il social che ha "rivoluzionato" il mondo della fotografia, imponendo il "suo" modo di fare foto. Ne deriva che è utile usarlo se ami la fotografia e ti diletti nello scattare belle immagini o se queste sono importanti ai fini della realizzazione del tuo progetto.

PINTEREST

Questo social rappresenta un ottimo modo per promuovere e commercializzare la propria campagna attraverso le immagini, soprattutto se il risultato finale è quello di creare un prodotto. Su Pinterest si possono seguire i board e fare flip (corrisponde al like di Facebook) ed è indicato soprattutto per chi è appassionato di fashion, design e moda, avvalendosi di foto ben realizzate. Se queste sfere ti riguardano personalmente o sono vicine al progetto da finanziare, allora è utile essere su Pinterest.

Pinterest è tra i 100 siti web più visitati al mondo, al trentanovesimo posto nell'Alexa Rank.

TWITTER

Se ti accorgi che la tua community di riferimento usa molto twitter, non puoi far a meno di sperimentarlo. Twitter è un ottimo strumento per procurarsi notizie fresche sugli argomenti vicini all'ambito del tuo progetto; inoltre, ti permette di raggiungere un pubblico ampio a livello nazionale e non solo, permettendoti di interagire direttamente con grandi professionisti, intellettuali, esperti del settore, chiedendo loro consigli e magari avvicinarli al tuo progetto.

Su Twitter, si possono seguire gli account, creare liste per interessi/temi e individuare gli hashtag che si riferiscono all'area di business della propria idea di Crowdfunding. Per avere un alto numero di follower e essere seguiti, bisogna impegnarsi nelle conversazioni su Twitter, andando oltre i semplici retweet, cavalcando sapientemente i trending topic e condividendo contenuti interessanti.

Per aiutarti con il social dell'uccellino blu, puoi usare alcuni tool gratuiti come *Twilert* o *Socialbro*, o il semplice *Justunfollow*, che offrono servizi come scovare # pertinenti con il tuo, vedere chi non ti segue, capire come vanno le tue interazioni social. È importante assicurarsi che la pagina Twitter e Facebook siano collegate, così che i tweet appaiano in automatico anche su Facebook. Twitter riesce a spargere la voce in maniera più rapida rispetto a Facebook, quindi non è da sottovalutare. Devi programmare circa 10-15 tweets al giorno (a tutte le ore), quindi scrivile in anticipo e poi pubblicali quando è il momento.

FACEBOOK

Probabilmente è il social network che più di altri conosci e utilizzi, quello che usi sempre e credi di conoscere alla perfezione. Chiaramente usarlo per motivi aziendali non è esattamente la stessa cosa.

Innanzitutto: crea una pagina o un gruppo apposito in cui "raggruppare" i possibili interessati (o anche entrambi, nulla è vietato e in questo modo puoi duplicare e ri-condividerne i contenuti) alla campagna di Crowdfunding. Scrivi dettagliatamente le informazioni sul progetto, assicurati che il link al tuo sito/blog e alla piattaforma sia funzionante e spiega per quale motivo le persone sono invitate a cliccare mi piace e condividere. Fai una ricerca sulle pagine simili: guardando i tuoi concorrenti potrai avere nuove idee, seguire pagine e link interessanti, evitare di commettere gli stessi errori.

Impara a leggere gli insights: i dati nascosti sul rendimento della tua pagina. Ti dicono il numero di interazioni, gli orari in cui la tua community è più attiva, com'è distribuito geograficamente, ecc.; in questo modo puoi comporre contenuti più personalizzati e performanti della tua pagina.

Un'idea può essere quella di lanciare dei contest – cioè dei mini concorsi a tema, che invogliano le persone a fare delle cose, da scattarsi una foto a scrivere un breve post – in linea con le esigenze della campagna di Crowdfunding: è un modo per chiamare direttamente in causa il pubblico e attrarre nuovi interessati.

Infine, iscriviti ai gruppi di Facebook: cerca quelli più vicini alla tua idea e promuovi la tua campagna all'interno, mettendone il link e postandone gli aggiornamenti. Cerca anche di conquistarne la platea, interagendo con chi scrive e pubblica all'interno del gruppo e non limitandoti a farti pubblicità. Anche qui ha senso capire qual è lo stile, il *tone of voice*, del gruppo, interpretarlo e parlare nello stesso modo, per non apparire come dei meri opportunisti e anche per trovare dei veri supporter.

Ricordati che i post che pubblichi sul tuo profilo Facebook vengono visti da una minima percentuale dei tuoi amici/fan quindi è importante – per una massima esposizione – avere post frequenti e in diversi orari del giorno. Ogni post deve avere il link diretto alla pagina della tua campagna di Crowdfunding, contenere una richiesta esplicita di aiuto e una call-to-action mirata alla condivisione del post. Includi anche immagini, link al video, post di ringraziamento ai tuoi donatori, e descrivi le tue ricompense. Una serie di post molto importante riguarda i vari step intermedi che raggiungi durante la tua campagna. Ad esempio, puoi annunciare il raggiungimento del 25% o 50% del traguardo, che crea *momentum* tra i tuoi followers – a dimostrazione che la raccolta fondi va avanti, o dire che mancano solo €1000 alla fine del goal a pochi giorni dalla scadenza, mettendo un po' di pressione ai tuoi fan.

LINKEDIN

LinkedIn è un servizio web di rete sociale, gratuito, impiegato principalmente per lo sviluppo di contatti professionali. E' stato lanciato nel febbraio 2004. Gli utenti possono accedere al sito previa registrazione gratuita; possono fondare e unirsi a gruppi per condividere interessi in comune con altri utenti organizzati secondo il luogo di lavoro, la scuola, l'università o altre caratteristiche; condividere contenuti multimediali ed utilizzare varie applicazioni presenti sul sito.

Permette ad un progettista di entrare in contatto con professionisti del settore (Crowdfunding o altro) che possono aiutarlo nell'ottenere donazioni, e fare un po' di marketing. Usa LinkedIn per dare aggiornamenti sulla tua campagna e partecipa a gruppi sul Crowdfunding. Molte *business people* usano LinkedIn più degli altri social, quindi sfrutta questo strumento per creare post mirati a questo pubblico.

MEETUP

È un servizio di social network che ha lo scopo di facilitare l'incontro di gruppi di persone in varie località del mondo. Meetup consente ai membri di trovare e unirsi a gruppi creati attorno a un comune interesse, come la politica, i libri, i giochi ecc. È un ottimo strumento per portare la tua community offline, quindi creare eventi per incontrarsi di persona.

YOUTUBE

Questo social ti servirà per caricare il video di presentazione del progetto. Quindi, non puoi farne a meno. Soprattutto se pensi di utilizzare teaser o mini-clip per raccontare la tua idea creativa. Ecco qualche suggerimento per usare il tuo canale YouTube:

- Pubblica due video la settimana per raccontare gli sviluppi del progetto.
- Utilizza un approccio emozionale: parla dei risultati raggiunti, dei tuoi timori, dell'entusiasmo con cui affronti la campagna di Crowdfunding.

Insomma, lascia che sia tu a parlare per il tuo progetto.

IN SOSTANZA, COME UTILIZZARE I SOCIAL MEDIA.

1) Seleziona un Hashtag per la tua campagna.

Crea un Hashtag (#) unico per la tua campagna di Crowdfunding e usalo in tutti i tuoi social media posts. Questo ti permette di organizzare i post e far si che le persone li trovino più facilmente.

Incoraggia i tuoi sostenitori ed amici ad utilizzare lo stesso hashtag: questo ti aiuta a tener traccia di ciò che le persone dicono/condividono sulla tua campagna e attira nuovi sostenitori. Scegli hashtag corti, unici e accattivanti. Se tante persone inizieranno ad utilizzare il tuo hashtag, potrai entrare nella classifica dei *trending*.

2) Influenza la tua Community tramite Facebook

La tua community, come già detto, è lo strumento più importante che hai per poter raggiungere il tuo obiettivo. I tuoi followers possono aiutarti a raggiungere più audience, avere donazioni e creare la *social proof*. Quindi non basarti solo sugli amici virtuali che già hai, amplifica la tua community tramite la creazione di una Pagina Facebook per la campagna.

Una pagina Facebook esclusivamente dedicata al tuo progetto è il luogo centrale dove raggruppare tutti i tuoi reali sostenitori, e scrivere aggiornamenti senza disperdere troppo le energie. È un posto dove i tuoi followers potranno restare sempre aggiornati, condividere i post, gli updates, e dove potranno commentare e capire meglio come aiutarti. Se preferisci qualcosa di più "privato" puoi optare per il gruppo o l'evento su Facebook.

Ogni pagina Facebook prevede l'analisi (*insights*) degli utenti, dei likes, e delle interazioni. Usa tutti questi dati forniti per capire cosa funziona e cosa devi sistemare. Puoi vedere i dati demografici dei tuoi followers, così che puoi creare post mirati in base all'età e all'area geografica.

È importante interagire con gli utenti della pagina, quindi crea post interattivi in cui poni, ad esempio, delle domande ai followers, e manda spesso aggiornamenti sulla campagna. I tuoi fan apprezzeranno, soprattutto se hanno donato al tuo progetto.

Ricordati anche di ringraziare sempre i tuoi sostenitori: è un ottimo modo per coinvolgere i tuoi fan e creare un rapporto più forte. Se hai anche un budget da spendere su Facebook, puoi creare "Sponsored Posts" pubblicitari che appariranno nella home page di Facebook del tuo target audience. Puoi mirare la pubblicità in base agli interessi, l'età, il sesso, oltre che a poter definire la durata e il tuo budget giornaliero.

3) Trova il giusto mix di contenuti

Lo scopo di utilizzare i social media per il Crowdfunding sta nell'aumentare la consapevolezza dell'esistenza della tua raccolta fondi e apportare donazioni alla tua campagna. Per far si che i tuoi post vengano condivisi, usa un mix di post informativi e di "vendita".

I contenuti informativi sono quei post che danno informazioni senza essere orientati alla vendita effettiva di qualcosa. Circa l'80% dei tuoi post dovranno essere di questa tipologia. Questi ti aiutano a spargere la voce e condividere. Puoi condividere news sull'avanzamento della campagna, sul prodotto, *behind-the-scenes* posts ecc.

I post di "vendita" invece sono quelli dove ti focalizzi nel portare un utente dritto alla tua pagina di Crowdfunding per far si che contribuisca economicamente e che lo condivida. Questi post sono spesso collegati ad una call-to-action che crea un senso di urgenza o necessità nell'utente che è spinto a cliccare sul link, e donare.

4) Tieni traccia dei risultati e adegua i contenuti

Abbiamo detto che è importante organizzare i contenuti da pubblicare con largo anticipo rispetto al lancio ufficiale della campagna. Questa tecnica, però, non e' definitiva. Quando poi la campagna e la strategia di social media marketing sarà messa in atto dovrai analizzare i risultati settimanali ed eventualmente aggiustare il tiro.

Inizia con un planning editoriale per la prima settimana, che utilizzerai su tutti i tuoi canali social. In seguito, analizza gli andamenti (condivisioni e menzioni, ad esempio). Poi, in base ai post che hanno più successo, adegua i tuoi contenuti per ottenere il massimo dei risultati.

5) Usa i social per raggiungere i giornalisti

Più avanti parleremo più dettagliatamente dell'importanza

dei comunicati stampa e dei giornalisti per promuovere la tua campagna. Quà accenniamo ad un metodo efficace per raggiungere i giornalisti tramite Twitter e LinkedIn. I giornalisti usano molto twitter non solo per condividere informazioni ma anche per comunicare con altri utenti e trovare le storie più importanti. Ma prima di mettersi in contatto con loro, è opportuno studiare i loro profili, le loro pubblicazioni, e le testate per cui lavorano. Assicurati che la tua storia rientra nel loro target, poi seguili su Twitter e inizia a creare un rapporto.

Attenzione: non tutti apprezzano questo approccio, quindi verificate prima come si comportano in tal senso sui loro profili, altrimenti optate per la classica email.

Conclusione

I social media sono cruciali per il successo della tua campagna, sia che siate un'azienda, una persona fisica, o un marchio. Focalizzati sul creare contenuti che siano condivisibili e costruisci una community per poter raggiungere una grande audience.

CAPITOLO 24

IL MARKETING

Prima di pianificare l'intero lancio intorno a una campagna di Crowdfunding è necessario fare in modo di avere una strategia di marketing on-line per evitare che la tua campagna possa fallire.

IL TARGET

Ci sono tre gruppi di persone che dovresti inserire nella tua strategia di marketing, e ciascuno di questi richiederanno un approccio diverso:

1. La tua rete personale esistente di amici, parenti e conoscenti (come colleghi e vicini di casa): *Il Personal Network.*

2. Eventuali abbonati o seguaci, nel mondo dei social media: *I Diretti Interessati.*

3. Il nuovo pubblico che vuoi raggiungere: *I Social Network.*

1)   Personal Network.

Mentre cerchi, tra i tuoi contatti e-mail, gli amici di Facebook e le comunità LinkedIn, coloro che possono contribuire a sostenere la tua campagna, è fondamentale suddividerli in elenchi separati a seconda della loro "categoria" (amici, parenti, conoscenti e colleghi di lavoro ecc).

Ciascuno di questi gruppi richiederà messaggi diversi. Tu non puoi inviare la stessa richiesta di sostenere il tuo progetto a un socio in affari come la faresti per un familiare o un caro amico. Per quelli con i quali hai un rapporto occasionale avrai bisogno di una più ampia introduzione alla tua iniziativa di Crowdfunding, a differenza dei più stretti amici e/o collaboratori che possibilmente hanno sentito ogni dettaglio riguardo alla tua imminente campagna.

È molto importante, però, andare oltre i propri contatti per identificare i migliori "conduttori" e "promotori" che siano in grado di aiutarti a diffondere il tuo progetto. Devi coinvolgere queste persone al più presto possibile nella speranza che comincino a sentirsi coinvolti nei vostri sforzi e inizino subito ad investire il loro tempo per il raggiungimento del tuo successo.

In sostanza è fondamentale che ti assicuri che stai raggiungendo la persona designata in maniera "adeguata" e "personale". Inviare una email ad un imprenditore con cui non si hanno rapporti da anni dicendo: "Ecco qui la mia campagna" non è di certo l'approccio giusto.

2)   I diretti interessati.

Nell'individuare le persone che possono contribuire a promuovere la tua campagna, occorre analizzare e individuare bene tutte le possibili parti interessate. Es.: se stai creando una applicazione per incrementare la sicurezza nelle spiagge i contatti migliori sicuramente sono: i bagnini, gli istruttori di nuoto, il personale medico, le organizzazioni come la Croce Rossa che promuove i corsi per i bagnini, gli hotel sul mare, i dettaglianti che vendono costumi da bagno e giocattoli da spiaggia, ecc. Sicuramente queste entità sarebbero disposte a pubblicare il tuo progetto e la tua campagna sulla loro pagina di Facebook, o parlarne nella loro newsletter via email o inserire il tuo volantino promozionale insieme ai loro.

Meglio ancora, puoi proporre un rapporto d'affari più a lungo termine con lo scopo di vendere la tua applicazione ai loro clienti con un guadagno per entrambi. Quindi individuare la "comunità", "i gruppi" che hanno gli stessi obiettivi, è estremamente importante in quanto saranno più motivati a sostenere i tuoi sforzi. E questo sia che si sta creando qualcosa che ha già un pubblico - una nuova versione di un popolare videogioco, un aggiornamento di un prodotto corrente - o lo sviluppo di qualcosa di nuovo che si rivolge a una folla di nicchia.

3)   Social network.

Avere centinaia o addirittura migliaia di seguaci su Twitter non significa che si è pronti a lanciare una campagna di Crowdfunding. Considerando che solo una piccola percentuale di fan sarà effettivamente disposta a donare, più ci si concentra e si individuano i veri seguaci e tifosi più alte saranno le possibilità di successo. Ovviamente, è altrettanto importante che questi seguaci si impegnino a darti un'assistenza concreta contribuendo e condividendo il progetto in tutti i modi possibili. Se invece non disponi di una "folla", devi trascorrere del tempo nella costruzione dei tuoi followers.

I social media come Facebook e Twitter sono i canali principali dove è possibile controllare e promuovere la tua campagna, ma è importante costruire questi contatti con largo anticipo. Crescere una comunità di membri impegnati e leali non è qualcosa che accade dal giorno alla notte. Ecco alcuni consigli per iniziare:

Si possono utilizzare strumenti come HootSuite per

programmare e automatizzare i messaggi agli account di social media. La maggior parte sono gratuiti e consentono di pubblicare su diversi siti di social media contemporaneamente con un grande risparmio di tempo! Anche Klout potrebbe essere interessante in quanto ti permette di controllare il tuo "influencer" per individuare quelli meglio collegati in rete in modo da poter chiedere loro di aiutarvi a promuovere il progetto.

Klout è un servizio di social networking che offre analisi statistiche personalizzate sui social media. In particolare, stima l'influenza degli utenti attraverso il Klout score (da 0 a 100) ottenuto dal grado di interazione nei profili utente di siti popolari di social networking, tra cui Twitter, Facebook, Google+, Linkedin e Foursquare. Questa influenza è ottenuta a partire dall'ampiezza del network dell'utente, il contenuto generato, e il livello di feedback ottenuto (Fonte: Wikipedia)

LA STRATEGIA DI MARKETING

Dopo aver individuato quali sono i gruppi di riferimento a cui dovrai rivolgerti, devi iniziare a definire la tua strategia di marketing.

La differenza tra una campagna di successo e una che fallisce non è tanto l'idea in sé (anche se ovviamente aiuta!) ma è avere un piano di marketing ben definito, pensato e realizzato in ogni minimo dettaglio. Molti ritengono che basta avviare una campagna di Crowdfunding, metterla online e aspettare che le donazioni arrivino da sole – e magari diventare ricchi in poche settimane. Ovviamente questo pensiero è del tutto utopistico. Dietro ogni progetto di successo c'è un ottimo piano di marketing e tanta fatica da parte del team e dei fondatori.

Cerchiamo di capire cosa costituisce un buon piano di marketing per una tipica campagna di Crowdfunding, come ci si prepara, e che tipo di sforzi dobbiamo prevedere.

Abbiamo già parlato dell'aspetto "pre-lancio" e del relativo marketing da fare nelle settimane precedenti l'avvio della campagna, quindi ora ci focalizziamo su cosa fare concretamente appena la campagna è *live*. Il tuo audience target si divide in conoscenze di primo grado (amici/parenti stretti), secondo grado (amici di amici, coloro con cui hai una sorta di connessione) e terzo grado (gli sconosciuti), e quindi dovranno essere raggiunti con modalità differenti. Il tuo marketing plan deve quindi considerare la varie tattiche di approccio per ogni differente gruppo di utente a cui ti rivolgi.

Gli strumenti.

1.   **Email**: invia email personalizzate ai tuoi contatti più vicini. È un metodo efficace, ma il problema sarà sicuramente il fatto di avere un numero limitato di indirizzi email.

2.   **Newsletter**: A coloro che si sono iscritti tramite la landing page, o che ti hanno lasciato il loro indirizzo email in qualche modo, inizia ad inviare newsletter di aggiornamento.

3.   **Social Media**: La cosa bella dei social media non è tanto il numero di persone che puoi raggiungere, ma quante persone possono condividere i tuo messaggio. Quindi crea post interessanti, che invoglino i tuoi amici e fan a condividerli.

4.   **Social News**: I siti di "social news" offrono un metodo innovativo per raggiungere un network importante. Siti come ad esempio Reddit.com attirano milioni di utenti, quindi sfrutta al massimo questi strumenti: non tanto per parlare esclusivamente della tua campagna ma per conoscere persone a cui il tuo progetto può interessare (es. partecipa attivamente alle discussioni dove puoi – in maniera secondaria – parlare del tuo progetto).

5.   **I giornalisti**: contatta i giornalisti e i blogger, sono loro che ti permetteranno di raggiungere il tuo audience di terzo grado.

6.   **Ads pay-per-click**: campagne pubblicitarie mirate, senza dover investire chissà quanto capitale, sono molto efficaci se create correttamente.

<u>Gli sforzi durante la campagna.</u>

Ci sono due fattori che determinano gli sforzi in una campagna: il tuo obiettivo economico da raggiungere, e la grandezza del tuo network. Se hai già un grande network, è tutto (un po') più facile. Se invece non ce l'hai, dovrai fare uno sforzo maggiore per ottenere interesse verso la tua campagna, attraverso strumenti esterni.

<u>Time Investment in base al target economico.</u>

Meno di €10.000. La media degli obiettivi per le campagne su piattaforme reward-based si aggira intorno ai €6.000. Questa cifra è solitamente raggiungibile tramite i propri conoscenti e contatti. Per raggiungere questo target si stima un lavoro di circa un'ora (almeno) al giorno, in cui si mandano email, usano i social network, e si cerca di contattare gli amici degli amici.

Meno di €50.000. Oltre i €10.000 bisognerà cercare di raggiungere persone oltre il tuo network personale. Solitamente si tratterà di potenziali futuri clienti che acquisteranno il tuo prodotto. Per questo target dovrai mettere in modo quasi tutti gli strumenti di marketing menzionati prima. Si stima un lavoro di circa 1-2 ore (minimo) al giorno, a seconda di quanto tempo dedichi nel contattare i giornalisti.

Più di €50.000. Una campagna di Crowdfunding con un budget importante richiederà sforzi considerevoli. Oltre al network di primo e secondo grado, qui dovrai fare il massimo per raggiungere anche coloro nel gruppo delle conoscenze di "terzo grado". I *pay-per-click ads* sono molto utili in questo caso. Si stima un lavoro di circa 2-3 ore (minimo) al giorno, come se stessi svolgendo già la vera e propria attività di vendita. A questo livello stai già cercando di commercializzare il tuo prodotto, quindi dovrai mettere in atto una vera e propria campagna marketing.

CAPITOLO 25

I COMUNICATI STAMPA

Uno dei componenti più influenti nella campagna di Crowdfunding è l'abilità di contattare abbastanza giornalisti interessati al tuo progetto per raggiungere nuovi potenziali sostenitori che contribuiscano alla tua campagna. Uno strumento usato per ottenere ciò è il Comunicato Stampa. Molti lo considerano un mezzo di comunicazione obsoleto; in realtà ha un enorme potere soprattutto se utilizzato nel modo giusto e congiuntamente alle nuove tecnologie.

Il comunicato stampa non è altro che un articolo, una comunicazione, una notizia che va inviata ai media, con lo scopo di annunciare un nuovo progetto, un premio ricevuto, un evento o nuovi obiettivi raggiunti o in prossimità di essere raggiunti. La chiave per scrivere un buon comunicato stampa sta nella capacità di essere chiari, concisi e convincenti. Vediamo come scrivere un buon comunicato stampa per la tua campagna di Crowdfunding.

Le tre domande principali a cui devi rispondere sono: Perché, Chi, Dove. Rispondere a queste tre domande chiave, prima ancora di iniziare a scrivere il tuo comunicato, ti aiuterà a determinare cosa includere nel comunicato e a individuare esattamente a chi inviarlo.

1) Perché. Perché la gente dovrebbe essere interessata al tuo progetto?

Può capitare ai creatori di un progetto di non essere obiettivi, a causa della passione che prende il sopravvento e offusca la mente, quando si cerca di attrarre persone al di fuori della propria cerchia. Il *perché* deve essere posto in modo che si risponda alla domanda "A loro, cosa ne viene?" (per "loro" s'intende i potenziali sostenitori). Ciò che tu vuoi realizzare, quale impatto positivo ha sulle loro vite? Hai un prodotto che risolve un problema specifico? La tua causa è comune a tante persone che se ne possono appassionare tanto quanto te? In pratica, il "perché" del tuo progetto deve essere orientato a loro, e non su te stesso. E questo ti permette di aumentare la tua potenziale community.

2) Chi. Chi sono le persone a cui può interessare il tuo "Perché"?

Ora che hai definito il "perché" del tuo progetto devi capire a "chi" ti devi rivolgere, a chi può interessare il tuo progetto. Uno degli errori più comuni nel mandare e scrivere il comunicato stampa è l'invio di esso a persone a cui non interessa per nulla. La chiave sta innanzitutto nel definire la tua community di riferimento, e poi indirizzare la comunicazione a coloro che rientrano nel tuo target. Non puoi inviare CS a caso sperando che qualcuno lo legga e lo trovi interessante. Una volta capito a chi ti rivolgi, puoi passare alla prossima domanda. Questo è il momento in cui ti rendi conto, probabilmente, che hai un pubblico settoriale e di nicchia, e che quindi sarebbe meglio puntare su giornalisti e riviste verticali piuttosto che esclusivamente quelle generalistiche.

3) Dove. Dove si radunano le persone che sono interessate al tuo "perché"?

Forse questa è la domanda più importante. Ora che sai CHI

e PERCHÈ, devi capire DOVE li puoi trovare, così da definire le modalità di marketing e focalizzare la tua attenzione nei luoghi giusti. Il primo step sarebbe scaricare/ acquistare/ trovare indirizzi email di giornalisti che lavorano e trattano notizie del settore a te rilevante.

Ma prima di inviare questi comunicati stampa, è importante capire come si scrive un buon testo.

Modi per scrivere un Comunicato Stampa.

Una tecnica iniziale sarebbe quella di ricercare online progetti di Crowdfunding simili al nostro, e vedere su google o altri motori di ricerca come loro si sono mossi in termini di marketing. Se hanno fatto un buon lavoro sarà facile trovare i loro comunicati stampa pubblicati online da giornalisti e blogger con cui loro si sono messi in contatto. Da li puoi prendere spunto per vedere come o cosa hanno scritto. Ma, in sostanza, un comunicato deve sempre rispondere alle domande: Chi, Cosa, Perché, Quando, Dove e Quanto Costa.

Devi ovviamente includere anche i vari link alla tua landing page e/o pagine social, e alla campagna di Crowdfunding (se già attiva). Molte persone usano questo strumento per annunciare il lancio della campagna, quindi sarà molto più probabile che includerai il link alla campagna piuttosto che alla landing page.... ma dipende dalla tua strategia di marketing che hai deciso di adottare.

Come promuovere un Comunicato Stampa.

Ci sono vari siti che, spesso a pagamento, ti permettono di pubblicare il tuo CS e magari lo divulgano sui loro canali online. Un'altra alternativa è quella di inviarlo direttamente ai giornalisti e ai blogger.

PARTE III –
DOPO LA CONCLUSIONE DELLA CAMPAGNA

CAPITOLO 26

CONGRATULAZIONI!

HAI RAGGIUNTO IL TUO OBIETTIVO... E ORA?

Ora che la tua campagna si è conclusa con successo, che si fa? Credimi, il vero lavoro inizia adesso...

Il primo consiglio che ti do è: Non cantare vittoria troppo presto. La battaglia non è ancora finita. Sicuramente pensi che, dopo aver passato settimane (se non mesi) a preparare la tua campagna e aver lavorato sodo durante i giorni in cui la raccolta fondi è stata attiva, ora puoi finalmente riposare. Invece non è così. Adesso devi fare i conti con altri ostacoli: il tempo scorre e tu devi consegnare le ricompense entro la scadenza promessa!

CONSEGNA LE RICOMPENSE

Il momento migliore per consegnare le ricompense è "subito", immediatamente. Approfitta dell'adrenalina che hai per via del successo della campagna per preparare queste ricompense. Ben presto scoprirai che realizzare le ricompense non è facile come sembra!

Un'altra cosa che ti consiglio di fare è tenere traccia delle ricompense che mandi. Come fai a ricordarti a quale sostenitore hai mandato cosa, e quando? Anche questa task è abbastanza impegnativa. Ci sono vari strumenti che possono aiutarti in questa fase, e sta a te decidere quale usare.. l'importante è non sottovalutare questo aspetto.

Capita anche – e spesso – di rendersi conto, dopo la chiusura della campagna, di non essere in realtà in grado di rispettare le promesse fatte ai sostenitori, in termini di ricompense e/o di scadenze. Nel caso tu ti renda conto che non puoi dare ciò che avevi promesso potrai rimborsare i tuoi sostenitori: ci sono casi di donatori che hanno portato in causa i creatori di un progetto proprio perché essi non hanno mantenuto le promesse. Quindi ti conviene essere onesto e restituire i loro soldi prima che ti portino in tribunale... facendo si che poi dovrai pagare anche più del dovuto, e rovinarti la reputazione!

Se invece si tratta di un semplice rinvio rispetto alla data iniziale prevista di consegna, puoi sempre avvisare i tuoi sostenitori via email, spiegando il problema e dando una nuova scadenza (possibilmente non troppo lunga) – sperando che siano tutti comprensivi!

Nella prossima sezione vedremo come affrontare meglio questo aspetto legato ai ritardi nelle consegne.

MANDA UN VIDEO FINALE DI AGGIORNAMENTO

Come tutte le cose nella vita, è giusto che anche la campagna di Crowdfunding abbia il suo finale. Manda ai tuoi sostenitori un video di aggiornamento conclusivo in cui li ringrazi per il loro supporto (non solo economico) che ha permesso la realizzazione del tuo sogno. Ricordagli inoltre che resterete aggiornati via email e tramite i social per future updates e novità.

RINGRAZIA I MEDIA E I GIORNALISTI

Bloggers, giornalisti, reporters, e tutti quei gruppi che ti hanno permesso di promuovere la tua campagna devono anch'essi essere ringraziati singolarmente. Mantenere una relazione con queste figure è importante, specialmente se hai intenzione in futuro di affidarti nuovamente a loro per altro *media coverage*.

CREA UNA PAGINA POST-CAMPAGNA PER I PRE-ORDINATIVI

Quando la tua campagna termina ci possono essere comunque persone interessate all'acquisto finale del prodotto. Dovrai quindi far si che esse possano ordinarlo/acquistarlo. Un buon modo per fare ciò è creare una pagina web di pre-ordine dove questi utenti possono lasciare i loro dati o addirittura già acquistare il tuo prodotto in attesa che sia pronto per la spedizione e il commercio.

ATTENDI L'ACCREDITO DEI FONDI

Come ultimo step, e forse per te quello più significativo, è l'accredito dei fondi raccolti. Questi solitamente ci impiegano un po', circa 20 giorni dalla chiusura della campagna, perché la piattaforma deve avere il tempo di detrarre la sua percentuale e le fees di transazione prima di poterti trasferire i soldi che ti spettano.

CAPITOLO 27

COME AFFRONTARE I RITARDI PER LE RICOMPENSE

Da un punto di vista statistico c'è circa un buon 84% di probabilità che il tuo progetto soffra qualche ritardo nella realizzazione. Quindi come fare nel caso tu incorra in problematiche simili, e mitigare i "disagi" legati al ritardo?

Qualora un progetto non si realizzi nei tempi inizialmente prefissati, anche le consegne previste delle ricompense subiranno ritardi. I problemi potrebbero essere legati, ad esempio, ai tempi di produzione, che portano inevitabilmente a un ritardo conseguente a tutta la filiera. Quando ciò accade aspettati di essere inondato di email e commenti di clienti che chiedono informazioni e delucidazioni circa le loro ricompense. Credimi, alcuni non sono per niente gentili! E una volta che un tuo sostenitore si arrabbia, sarà molto difficile riguadagnarsi la sua fiducia.

Quindi ecco tre cose che puoi fare per evitare di peggiorare la situazione:

1)   **Informa i tuoi sostenitori** del ritardo, e della nuova scadenza, in tempi celeri. Non aspettare troppo tempo per

avvisarli perché è meglio essere onesti e sinceri fin dall'inizio, e continuare ad aggiornarli sugli sviluppi in quasi *real time*. Appena i problemi insorgono, devi cercare di minimizzare i ritardi in fretta. Ma quando ti rendi conto che proprio non ce la farai a mantenere le scadenze promesse allora devi essere pronto e far fronte alle conseguenze. Accetta i fatti, evita di dare colpe ad altri e sii pronto a rispondere rapidamente ai clienti.

2)   Ricordati che **il cliente ha sempre ragione**. Ci sarà sempre quel cliente che ti insulterà o scriverà cose a te non gradite, ma nonostante ciò tu non puoi rispondergli a tono. Devi sempre mantenere un profilo alto e professionale, e rispondere nel modo più garbato e cordiale possibile. Evita di prendere questi commenti troppo sul personale. Piuttosto prenditi una pausa, alzati dalla sedia e staccati dal pc per un po': poi, con calma, gli risponderai.

3)   **Comunicare *troppo* è comunque meglio che non dire niente.** Una volta che hai accettato l'idea di non farcela nei tempi stabiliti, e l'ansia ti è (un po') passata, fai la cosa più logica che puoi fare: sii onesto con i tuoi sostenitori. Non devi per forza dirgli ogni singola cosa che non è andata come previsto e che ha causato questi problemi, molti clienti non vogliono sapere perché questa cosa è accaduta... loro vogliono più che altro essere ascoltati, e rassicurati sul fatto che c'è qualcuno dall'altra parte del pc pronto a rispondere alle loro domande e ai loro dubbi. Ed è per questo che non puoi permetterti il lusso di non comunicare con i tuoi sostenitori e lasciarli perdere. Devi interagire con loro, magari anche tanto e spesso, così che i tuoi fans si sentano importanti e capiscano che tu hai a cuore le loro paure.

CAPITOLO 28

ALCUNI PROGETTI NATI GRAZIE AL CROWDFUNDING

L'Italia, che da anni vede i fondi a disposizione per la cultura sempre più esigui, rappresenta sicuramente un campo di attuazione felice per il Crowdfunding per le imprese di questo settore; soprattutto perché nel nostro Paese abbondano Musei, monumenti e edifici storici sempre più bisognosi di una ristrutturazione o anche semplicemente di un sostegno economico per organizzare mostre e attività culturali parallele. Gli italiani hanno sempre lasciato che il sostentamento delle imprese culturali fosse perlopiù delegato alla generosità di alcuni o alle azioni di salvataggio di enti e fondazioni. Da qualche anno però la cultura del Crowdfunding in Italia si sta inserendo con sempre maggior forza come alternativa all'impoverimento e ai tagli, riuscendo a realizzare progetti culturali molto stimolanti e largamente condivisi.

Di seguito riportiamo alcuni esempi di progetti realizzati tramite il Crowdfunding in Italia.

IO STO CON LA SPOSA

Il caso, forse finora più eclatante, di Crowdfunding per un progetto culturale, nello specifico, produrre un film-documentario, è stato "Io sto con la sposa". Il progetto ha avuto larghissima risonanza e successo anche per la portata etica e rivoluzionaria che contiene, ma ha ottenuto pure riconoscimenti per la sua qualità artistica, dato che il film è stato poi presentato al Festival di Venezia ed ha riscosso un buon successo anche nelle sale.

Da quella che era una battuta ironica – *quale poliziotto fermerebbe mai un corteo matrimoniale?* - è nata l'idea di base del film. I registi Antonio Augugliaro, Gabriele Del Grande e Khaled Soliman Al Nassiry hanno deciso di dire il loro personale "basta" alla assurda tratta di immigrati dalla Siria e Palestina, con conseguente scia di morti, attraverso l'Europa, realizzando un film documentario: con l'escamotage del matrimonio e del viaggio nuziale, sono riusciti nell'impresa di trasportare persone illegalmente, poiché sprovvisti di documenti, da Milano fino a Stoccolma.

Per poter commercializzare il film, per la produzione, pre e post, servivano 150 mila euro: il gruppo ha fissato un budget da raggiungere col Crowdfunding pari alla metà di questo totale e ha raggiunto il 130% dell'obiettivo finale, raccogliendo 98.151 euro in due mesi, con un numero di sostenitori pari a 2541.Il film ha creato scalpore e ha centrato l'obiettivo anche perché ha scelto un tema caldo nel momento giusto (estate 2014) e merita sicuramente di essere guardato; e se vogliamo guardarlo dal punto di vista dei dati, è stato anche un grande successo per lo sviluppo delle piattaforme di reward-based Crowdfunding nell'ambito di progetti culturali italiani.

ACQUISTA CON NOI UN PEZZO DI STORIA – PALAZZO MADAMA

Un altro bel progetto di Crowdfunding in ambito culturale in Italia è sicuramente dato dall'esempio di Palazzo Madama a Torino con la sua campagna "Acquista un pezzo di storia". Il curatore delle collezioni di ceramica del Museo, Cristina Maritano, in occasione del 150° anniversario del museo civico, propose il riacquisto (dopo che la storia l'aveva portato all'estero) del servizio da tè, caffè e cioccolata con lo stemma Tapparelli per la collezione di ceramiche del museo. Per poterlo recuperare, però, erano necessari ben 66mila sterline (circa 80 mila euro) una cifra ben al di sopra delle normali disponibilità del Museo.

Per questo motivo è scattata la campagna di Crowdfunding: in modo totalmente fai-da-te, scaturendo da una pagina ad hoc del sito del Museo, è nata la raccolta fondi, che ha totalizzato 89,575 circa euro nel marzo 2013. Naturalmente la maggior parte dei sostenitori erano piemontesi e torinesi, moltissimi abbonati del Museo e over 50 (come dimostra il follow up fatto dal Museo sui donatori) ma la campagna è stata comunque un grande successo, oltre a dimostrare l'interesse ancora vivo degli italiani, e non solo dei turisti, per la sua cultura, e istituire un bell'esempio di salvaguardia e anche promozione per i beni culturali Italiani.

INNAMORATI DELLA CULTURA

Innamorati della cultura è un intero sito di Crowdfunding dedicato esclusivamente a progetti culturali. Fondato dai torinesi Emanuela Negro-Ferrero e Lorenzo Pennacchioni, che hanno anche caricato il primo progetto da finanziare, si tratta di una startup che vuole funzionare da portale per la raccolta fondi dal basso di progetti a sostegno della cultura.

CAPITOLO 29

CONCLUSIONI

Spero che questa guida possa avere chiarito le idee a chi intenda intraprendere il fascinoso percorso del Crowdfunding. Nonostante le diverse critiche e le opinioni negative intorno a questa nuova strategia, io personalmente ritengo che il futuro sia pieno di sorprese positive per chi ha coraggio, intraprendenza e voglia di mettersi in gioco.

Come abbiamo detto attualmente i dati, per quanto riguarda il mercato italiano, non sono molto incoraggianti. Infatti, anche se nell'ultimo semestre si è registrata una forte crescita relativamente al numero di operatori attivi, da un punto di vista di "progetti presentati" e di "totale raccolto" si rileva una crescita che - in comparazione allo scenario internazionale - è abbastanza modesta.

Continua a evidenziarsi lo squilibrio tra i vari modelli, con la predominanza del social lending, che raccoglie circa l'80% del totale. Essendo ancora insignificante il totale raccolto dall'equity, il modello donation e il reward continuano a dividersi il resto. Inoltre, è forte la tendenza ad avviare piattaforme "di nicchia": la maggior parte dei portali lanciati negli ultimi sei mesi sono infatti settoriali, mentre non sembra aver preso piede come previsto la fondazione di piattaforme locali, come era sembrato dovesse invece verificarsi.

Confermato anche l'interesse per il Do-It-Yourself: negli scorsi mesi abbiamo visto il lancio di alcuni grandi progetti "fai da te". Questa tendenza, in parte, potrebbe derivare dalla mancanza di una grande piattaforma *reward/donation* generalista in Italia. Nessuno sembra infatti riuscire ad assumere questo ruolo, piuttosto la preferenza sembra essere quella di dividersi il mercato per nicchie e comunità d'interesse. Uno dei protagonisti dello scorso semestre è stato l'Equity Crowdfunding. Dopo i primi mesi di "digestione" del regolamento CONSOB, negli ultimi 5-6 mesi sono stati avviati i primi portali e lanciati i primi progetti. A prescindere dall'esito di questi ultimi, bisogna ammettere che il modello Equity si sta sviluppando più lentamente di quello che ci si potesse aspettare.

Ma a prescindere dai dati e dai numeri, se avete un'idea o un progetto che avete in mente di realizzare, e volete provare a farlo tramite il Crowdfunding il mio consiglio è uno solo: provateci, ma con impegno.

L'AUTRICE

 **Isabella Cultrera** nasce a Milano nel 1990, ma di milanese ha ben poco. Cresce tra Spagna, Italia e Stati Uniti, e tra un aereo e un libro riesce a laurearsi a vent'anni in Interpretariato e Comunicazione. La passione per la letteratura la porta a fondare, nel 2011, una casa editrice indipendente e a lavorare come traduttrice editoriale freelance per diverse *publishing houses* ed agenzie letterarie internazionali. Nel 2014 si imbarca nell'avventura del Crowdfunding, fondando *Upspringer* e diventando pioniera della raccolta fondi di nicchia per l'editoria a livello Italiano ed internazionale. Massima esperta di Crowdfunding e publishing – tra le tante cose – organizza corsi e workshop offline ed online, scrive guide, ed offre consulenze per coloro che vogliono superare la crisi e realizzare i propri progetti attraverso la raccolta fondi online. Collabora con diversi blog e siti di Crowdfunding, e gestisce il sito www.guidaalcrowdfunding.it. Nel tempo libero la trovate in libreria.

email: isabella@upspringer.com

www.ingramcontent.com/pod-product-compliance
Lightning Source LLC
Chambersburg PA
CBHW070859180526
45168CB00005B/1878